발명 공식을 알면
나도 생각 천재

발명 공식을 알면 나도 생각 천재

초판 1쇄 발행 2013년 6월 25일 **초판 15쇄 발행** 2025년 1월 24일

글 박정욱·박성민 **그림** 벼리
펴낸이 최순영

교양 학습 팀장 김솔미 **책임편집** 조진희
키즈 디자인 팀장 이수현 **디자인** 이래연

펴낸곳 ㈜위즈덤하우스 **출판등록** 2000년 5월 23일 제13-1071호
주소 서울특별시 마포구 양화로 19 합정오피스빌딩 17층
전화 02) 2179-5600
홈페이지 www.wisdomhouse.co.kr **전자우편** kids@wisdomhouse.co.kr

ISBN 978-89-6247-376-6 73400

- 이 책의 전부 또는 일부 내용을 재사용하려면 반드시 사전에 저작권자와 ㈜위즈덤하우스의 동의를 받아야 합니다.
- 인쇄·제작 및 유통상의 파본 도서는 구입하신 서점에서 바꿔드립니다.
- 책값은 뒤표지에 있습니다.

KC인증유형 : 공급자적합성확인 | **제조국** : 대한민국 | **사용연령** : 8세 이상 어린이 제품

발명 공식을 알면
나도 생각 천재

박정욱·박성민 글 | 벼리 그림

위즈덤하우스

작가의 말 • 6

1장 생각의 감옥에서 탈출하라! • 10

'생각하는 방법'을 알고 있는가? • 12
생각 감옥에서 탈출하기 • 16
무엇이 문제일까? • 24
문제점을 해결하는 열쇠는 모순 알기 • 32
문제를 해결하는 생각 열쇠, 트리즈 • 40

2장 생각 천재가 되는 발명 공식 20 • 44

발명 공식 01 합치기 • 46
발명 공식 02 포개기 • 52
발명 공식 03 나누기 • 55
발명 공식 04 빼내기 • 59
발명 공식 05 복사하기 • 63
발명 공식 06 비대칭으로 만들기 • 67
발명 공식 07 곡선으로 만들기 • 70
발명 공식 08 일부를 다르게 하기 • 74
발명 공식 09 색깔 바꾸기 • 78
발명 공식 10 속성 바꾸기 • 82

발명 공식 11 **방향 바꾸기** • 86
발명 공식 12 **자유롭게 움직이게 하기** • 90
발명 공식 13 **공중 부양** • 94
발명 공식 14 **높이 맞추기** • 97
발명 공식 15 **미리 준비하기** • 101
발명 공식 16 **중간 매개물** • 105
발명 공식 17 **버리거나 재생하기** • 110
발명 공식 18 **일회용으로 만들기** • 114
발명 공식 19 **좋은 것은 계속되게** • 118
발명 공식 20 **나쁜 것은 좋은 것으로** • 122

3장 주니어 트리즈로 발명하기 • 126

우리 주변의 트리즈를 찾아라 • 128
문제 해결을 위한 질문과 대답 • 138
생활 속에서 주니어 트리즈로 발명하기 • 146
생각 천재를 만드는 주니어 트리즈 • 158

부록 발명 노트 • 166 | 발명 특허 • 174 | 사진 출처 • 176

작가의 말
박정욱

창의력은 맛있는 생각의 밥

　요즘 아이들은 학교와 학원, 숙제와 공부로 너무 바쁩니다. 공부하는 일과가 너무 바빠서 제대로 '생각'할 틈이 없지요. 생각을 하는 시간이야말로 아이들의 꿈과 미래를 살찌우는 가장 소중한 시간임에도 불구하고, 우리 아이들은 영어 단어를 외우고 수학 문제를 풀면서 시간을 보내는 데 더 익숙해져 있습니다.

　창의력은 다양한 상상 속에서 익어 가는 맛있는 생각의 밥입니다. 그런데 밥이 채 익기도 전에 학원에서 배운 지식들을 쏟아붓기만 하면, 아이들의 말랑말랑한 생각들은 딱딱한 누룽지처럼 굳어 버리게 됩니다.

　아이들은 여러 교육을 통해 지식의 크기를 늘려 가지만, 획일적으로 주입되는 지식의 크기가 늘어날수록 고정 관념도 함께 커집니다. 그래서 어른이 되면서 생각은 굳어지고, 점점 더 창의적인 생각을 하기가 어려워집니다.

　그럼 창의력을 키울 수 있는 효과적인 방법에는 무엇이 있을까요? 이 문제에 대해 많은 사람들이 연구했지만, 그중 가장 성공적인 대안으로 손꼽히는 것이 '창의적 문제 해결을 위한 이론', 즉 트리즈입니다.

　트리즈의 원리를 만든 알트슐러는 이렇게 말했습니다.

　"아직도 많은 사람들이, 창의성은 후천적 학습을 통해 발전할 수 없다고 생각합니다. 그러나 누구나 창의적인 사람이 될 수 있습니다. 창의성은 학습이 가능합니다."

알트슐러의 말처럼 트리즈 교육을 통해 창의성이 획기적으로 증대될 수 있다는 사실이 여러 논문들을 통해 증명되고 있습니다. 트리즈는 '생각하는 놀라운 방법'으로 세계적인 사랑을 받고 있습니다. 어른들은 트리즈를 이용하여 획기적인 발명을 하고, 어려운 문제들을 해결하지요.

저는 어른들을 위한 트리즈를 아이들도 쉽고 재미있게 익힐 수 있도록 정리하여 어린이를 위한 주니어 트리즈 책을 집필하였습니다.

여기서 소개하는 트리즈의 생각 방식은 아이들의 창의적 사고력을 높이는 데 커다란 역할을 할 것입니다. 다양하고 엉뚱한 생각들을 즐겁게 쏟아 내는 재미있는 방법들을 알려 주고 있으니까요.

이제는 똑똑한 사람보다 창의적인 사람이 성공하는 시대입니다. 아이들이 보다 다양한 상상들을 하도록 격려해 주세요. 그리고 그 방법을 알려 주는 이 책을 읽게 해 주세요.

저는 이 책을 저의 두 아이, 연우와 은찬이 그리고 더 많은 생각의 공간이 필요한 이 땅의 어린이들에게 주고 싶습니다.

창의력은 학습으로 향상될 수 있다는 말씀!

작가의 말
박성민

'행복한 성공'으로 가는 열쇠, 트리즈

아이들은 모두 부모님의 바람을 안고 자랍니다. 부모들마다 각자 자신의 아이들에게 갖는 세세한 기대나 바람이 다르겠지만, 공통된 것은 역시 '아이의 행복'과 '아이의 성공'일 것입니다. 그렇다면 '아이의 행복한 성공'을 위해서 가장 중요한 것은 무엇일까요? 그것은 바로 자신감이 아닐까요?

"난 어떤 어려움이나 힘든 문제에 부딪쳐도 충분히 해결할 수 있어."

이런 문제 해결에 대한 자신감이야말로 사람을 행복하게 성공시키는 데 있어서 가장 중요한 동력입니다.

그럼 문제 해결을 위한 자신감은 어떻게 가질 수 있을까요? 문제 해결력은 '지혜'에 속하는 자원입니다. 지혜는 머리에서 말과 글로 표현되는 지식과는 달리, 다양한 경험 속에서 진화하는 뇌와 몸의 작용입니다.

우리의 뇌와 몸이 창의적으로 문제를 해결하는 데 익숙해지면, 어떤 문제가 닥쳤을 때도 당황하지 않고 다른 사람들이 생각하지 못하는 방식으로 문제를 해결해 냅니다.

예를 들어 볼까요? 우리가 태권도를 배울 때, 품새를 수십, 수백 번을 되풀이해서 배우는 이유가 무엇일까요? 막고, 때리고, 차는 바른 자세를 몸과 뇌에 기억시키기 위해서입니다.

이렇게 몸과 기억의 세포에 저장된 품새는 실전에서 문제 상황과 마주했을 때 일부러 움직이려 하지 않아도 몸에 익은 그대로 자연스럽게 표출됩니다.

마치 태권도를 배울 때 품새를 배우는 것과 같이, 우리의 생활에서 문제가 발생했을 때 그것을 창의적으로 해결할 수 있도록 '생각의 품새'를 만든 사람이 있습니다.

러시아의 과학자 알트슐러는 200만 개의 특허들을 분석하여, 그 안에 담겨 있는 공통적인 문제 해결의 패턴을 찾아내고 이를 정리해 '트리즈'라고 이름 붙였습니다. 이 트리즈는 인류의 발전에 기여한 수많은 특허들을 만든 천재들의 생각 패턴으로, 창의적인 사고를 하는 데 큰 도움이 됩니다.

모든 뇌 구조가 최대의 역량을 발휘하며, 성인으로서의 모습을 차츰 갖춰 가는 청소년기에 트리즈를 만나고 창의적인 문제 해결 능력을 기른다면, 평생 살아가는 데 무엇과도 비교할 수 없는 귀중한 자원을 얻게 될 것입니다. 트리즈를 소개하는 이 책이 어린이와 청소년에게 소중한 지혜의 교본으로 남겨지기를 희망합니다.

주니어 트리즈는 '행복한 성공'으로 가는 열쇠를 우리 자녀들의 손에 건네줄 것입니다.

스스로 생각할 줄 아는 어린이가 자신 있게 문제를 해결할 수 있지!

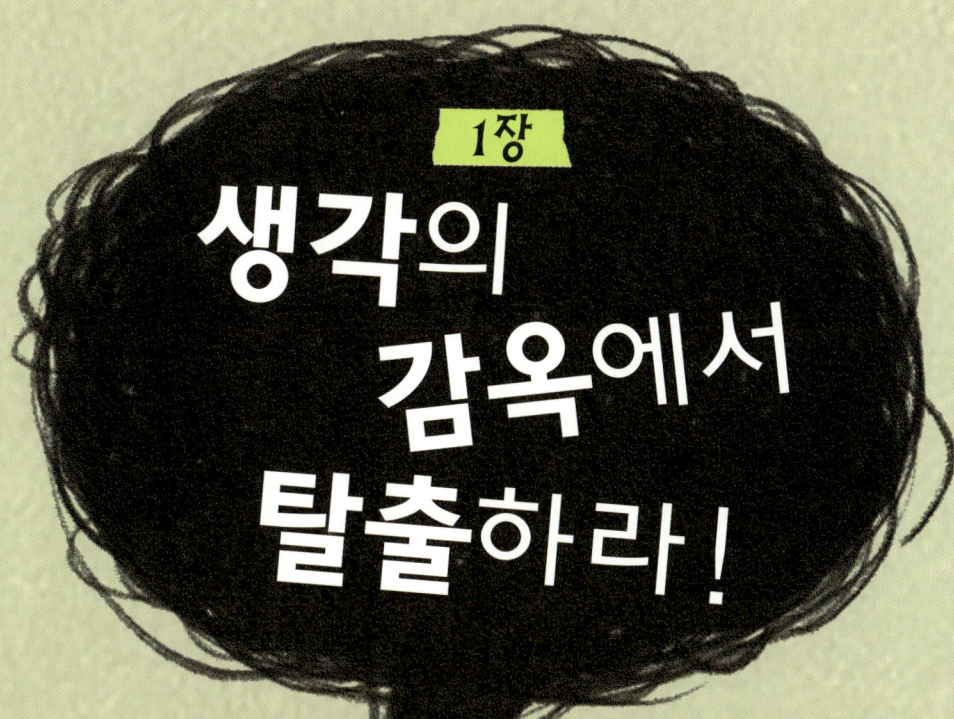

1장
생각의 감옥에서 탈출하라!

'생각하는 방법'을 알고 있는가?

발명왕으로 유명한 에디슨이 발명 연구를 하는 연구소를 세웠습니다. 그리고 연구소에서 새로 일할 연구원을 뽑았지요. 에디슨은 지원자들을 면접 보면서, 그들이 앞으로 무엇을 연구하고 싶은지 물었습니다.

이때, 한 청년이 이렇게 말했습니다.

"저에게는 기적 같은 아이디어가 있습니다."

"기적 같은 아이디어? 그게 뭔가?"

에디슨이 묻자 청년은 자신의 아이디어를 설명했습니다.

"저는 만능 용매를 발명하고 싶습니다. 그 어떤 것이라도 녹일 수 있는 액체 말입니다."

"만능 용매라고?"

잠시 놀란 표정을 지었던 에디슨이 웃으며 물었습니다.

> 만능 용매라…….
> 자네는 그걸 어떤 종류의 그릇에 저장할 건가?

에디슨

당황한 청년은 아무 대답도 하지 못했습니다.

여러분이 이 청년이었다면 어떻게 대답했을까요? 여러분이 이 질문에 바로 대답할 수 있다면, 여러분은 이미 '생각 천재'일지도 모릅니다.

이 책은 앞으로 여러분에게 많은 질문을 던질 것입니다. 아마 처음에는 대부분의 질문에 아무런 대답도 못할지 모르지만, 실망하지 마세요. 생각하는 방법을 알고 나면 여러분에게 재미있는 또 하나의 세상이 보일 테니까요.

러시아의 한 잡지사에서 초등 고학년 학생과 중학생에게 에디슨의 질문을 문제로 출제했습니다. 이 문제에 대답한 초등학생의 답 중에 다음과 같은 것이 있었습니다.

> 용매를 얼려서 보관한다.

어때요? 기발한 생각인가요, 아니면 여러분도 이미 생각해 본 답변인가요?

물론 이 문제에 대한 해결책은 이것 말고도 여러 가지가 있을 수 있습니다. 하지만 여기에서 정말 중요한 것은 용매가 그릇을 녹여 버린다거나, 얼리면 보관할 수 있다거나 하는 문제가 아닙니다. 주어진 문제에 대해 '스스로 생각하는 방법'을 알고 있느냐가 중요합니다.

흔히, 천재는 타고나는 것이라고 생각하기 쉽습니다.

"나는 머리가 좋지 않아."

"창의력은 타고나는 거야."

정말 그럴까요? 저는 그렇지 않다고 생각합니다. 머리가 좋지 않은 것이 아니라 스스로 생각하는 방법을 모르는 것입니다. 창의력은 타고나는 것이 아니라 스스로 생각하면서 커 가는 것입니다.

'스스로 생각하는 방법'이란 무엇일까요? 여러분은 이 책을 통해 그 방법을 알게 될 것입니다. 스스로 생각하는 방법을 알면 여러분도 어른들을 깜짝 놀라게 하는 생각 천재가 될 수 있답니다. 어떻게 그것이 가능하냐고요?

그 방법이 궁금하다면, 우선 '고정 관념'이 무엇인지부터 알아야 합니다. '나를 알고 적을 알면 백전백승'이라는 말처럼, 혹시 내가 고정 관념이라는 '생각의 감옥' 속에 갇혀 있는 건 아닌지 의심해 볼 필요가 있습니다.

여러분은 생각의 감옥 안에 있을까요, 아니면 밖에 있을까요?

생각 천재 체크 리스트

나는 생각 천재일까요? 아래 문장을 보고 나에게 해당하는 사항에 체크해 보세요. 만약 2개 이하면 고정 관념파, 3~4개 사이면 보통, 5개 이상이면 훌륭한 생각 천재가 될 재능이 있어요!

☐ 1. 왜 책은 사각형일까, 왜 동전은 동그랄까 궁금했던 적이 있다.

☐ 2. 엉뚱한 행동 때문에 교실을 웃음바다로 만들어 본 적이 있다.

☐ 3. 전자 제품을 분해했다가 엄마에게 혼난 적이 있다.

☐ 4. 혼자 재미있는 상상을 하며 키득거린 적이 있다.

☐ 5. 공상 과학 영화를 좋아한다.

☐ 6. 나는 수수께끼 문제에 강하다.

☐ 7. 마술을 보며 원리를 생각하느라 밤새 고민해 본 적이 있다.

☐ 8. 나는 어려운 퍼즐이나 미로 찾기가 재미있다.

☐ 9. 어려운 문제를 해결했을 때 가슴이 뿌듯해지는 느낌을 가져 본 적이 있다.

☐ 10. 나는 정말 생각 천재가 되고 싶다.

생각 감옥에서 탈출하기

앞서 에디슨은 청년에게 이렇게 말했습니다.

"만능 용매라……. 자네는 그걸 어떤 그릇에 저장할 건가?"

에디슨은 만능 용매를 왜 꼭 그릇에 저장해야 한다고 생각했을까요? 액체 상태의 용매라면 그릇이 중요하겠지만, 꽁꽁 얼리거나 다른 중화제를 섞어서 고체화시킨 용매라면 그릇이 필요 없습니다. 그런데도 에디슨은 용매를 담을 그릇이 필요하다고 생각했지요. 그건 발명의 천재인 에디슨조차도 용매는 액체 상태로 보관되어야 하며, 액체는 반드시 그릇에 담겨야 한다는 고정 관념에 사로잡혀 있었던 것은 아닐까요?

액체는 반드시 그릇에 담겨 있어야 한다는 고정 관념은 너무나 굳건해서, 에디슨조차도 순간적으로 이런 생각의 함정에 빠졌던 것입니다.

사실 이런 고정 관념에 사로잡힌 사람은 에디슨만이 아니었습니다. 인류 역사를 살펴보면 고정 관념에 사로잡힌 사람들의 일화가 무궁무진합니다. 가령 제멜바이스를 비난한 의사들처럼 말이지요.

발명 이야기

의사들이여, 당신의 손이 문제다!

옛날 서양에서는 아기를 낳은 산모들이 높은 열 때문에 사망하는 일이 많았습니다. 당시 산모들 다섯 명 가운데 하나가 사망할 정도로 심각한 이 질병은 산욕열이었습니다.

그런데 제멜바이스라는 의사가 산욕열의 원인을 찾아냈습니다. 그는 아이를 전문적으로 받는 조산원이 아이를 받으면 산욕열이 발병하지 않는데, 의료 공부를 한 의사가 아이를 받으면 산욕열이 발생한다는 사실을 알아냈어요. 차이점을 비교해 보니 조산원은 손을 씻고, 의사들은 시체를 부검할 때 꼈던 장갑을 끼고 아이를 받고 있었습니다.

산욕열의 원인을 찾아낸 제멜바이스

제멜바이스는 의사들의 손을 통해 나쁜 물질이 산모에게 옮겨지는 것이고, 의사가 손을 깨끗이 함으로써 병을 예방할 수 있다는 것을 밝혀냈습니다.

제멜바이스는 의사들에게 산욕열을 예방하기 위해 손을 씻기를 권했습니다. 하지만 당시 유럽은 아직 세균의 존재를 잘 모르고 있었고, 오히려 자주 씻으면 건강에 좋지 않다고 믿었죠. 의사들은 제멜바이스의 의견을 무시했습니다.

"손을 씻는 간단한 방법만으로 산욕열이 사라질 리가 없다!"

"의사의 손은 신성한 것이다!"

이런 의사들의 자만심과 고집으로 인해 제멜바이스가 죽을 때까지 그의 의견은 철저하게 무시당했고, 수많은 산모들이 산욕열로 계속 사망하는 안타까운 일들이 발생했습니다.

제멜바이스를 비난한 의사들 또한 고정 관념에 갇혀 있는 사람들이었습니다. 그들은 자신이 옳다는 맹목적인 믿음 때문에 수많은 산모들의 목숨을 구할 기회를 저버리고 말았지요.

이렇듯 고정 관념이란 많은 사람들이 당연하다고 믿고 있는 생각의 틀입니다. 그 고정 관념은 맞을 때도 있지만, 실제로는 옳지 않은 믿음일 때도 많습니다. 그래서 고정 관념은 새로운 생각을 만들어 내는 데 가장 큰 적이며, 사람들의 생각을 가두어 두는 '생각의 감옥'이라 할 수 있습니다. 이 생각의 감옥에 갇히게 되면, 우리의 생각은 옴짝달싹할 수 없어서 늘 같은 생각만 반복하게 되지요.

제멜바이스와 비슷한 이야기로, 콜럼버스의 달걀 이야기도 있습니다. 콜럼버스는 지구가 둥글고, 따라서 서쪽으로 계속 항해하면 금과 향료가 있는 동방에 도착할 것이라고 믿었습니다. 그는 에스파냐의 이사벨라 여왕에게 지원을 받아 탐험대를 꾸린 다음, 서쪽으로 항해했습니다. 항해 끝에 그는 아메리카 대륙에 도착했지요.

귀국한 콜럼버스는 열렬한 환대를 받았습니다. 하지만 그를 시기하는 사람들도 있었습니다. 그들은 콜럼버스의 공로를 '누구나 할 수 있는 일'이라며 깎아내리기에 바빴습니다.

이야기를 듣던 콜럼버스가 문득 달걀을 하나 가져다 사람들 앞에 놓으며 말했습니다.

"이 달걀을 탁자에 한번 세워 보십시오."

아무도 달걀을 세우지 못하고 있는데, 콜럼버스가 갑자기 달걀 끝을

콜럼버스는 동방에 가기 위해 서쪽으로 항해길을 개척하겠다는 기발한 아이디어를 냈다. 결과적으로 동방에 가는 데는 실패했지만, 그 와중에 아메리카 대륙에 발을 내딛는 성과를 올려 역사에 이름을 남기게 되었다.

탁자에 내리쳤습니다. 달걀의 끝이 조금 깨져 평평해지자, 콜럼버스는 깨진 달걀을 탁자에 세웠습니다.

사람들은 떠들었습니다.

"그렇게 세우는 것은 누가 못 합니까?"

그러자 콜럼버스는 조용히 말했습니다.

"여러분은 하지 않은 일을 저는 했습니다. 그것이 저와 여러분의 차이입니다."

사람들은 달걀을 그 모양 그대로 깨지지 않게 세워야 한다는 스스로의 생각 감옥에 갇혀 있었던 것입니다. 반면 생각의 감옥에서 벗어난 콜럼버스는 아메리카 개척의 역사에 이름을 남길 수 있었습니다.

생각의 감옥을 깨지 못하는 예는 또 있습니다. 여러분은 '코끼리 쇠사슬 증후군'이라는 말을 들어 본 적 있나요?

코끼리는 엄청난 힘을 가지고 있어서, 말뚝의 쇠사슬 따위로는 절대 묶어 둘 수가 없는 동물입니다. 그런데 이 코끼리가 어리고 힘이 약할 때 잡아다 쇠사슬로 발목을 묶어 둡니다. 코끼리는 쇠사슬을 끊으려고 애를 쓰지만, 아직 어린 코끼리라 힘이 약하기 때문에 쇠사슬을 벗어나지 못합니다.

이 코끼리가 나이를 먹고 힘이 훨씬 세어진 후에는 당연히 쇠사슬을 끊어 낼 수 있지만, 코끼리는 여전히 어릴 때 묶어 두었던 쇠사슬을 벗어나지 못합니다. 이미 성장해서 쇠사슬을 충분히 끊을 힘이 생겼는데도, 코끼리는 어릴 때 끊지 못했던 쇠사슬의 기억을 간직한 채 여전히 생각의 감옥에 갇혀 있는 것입니다. 사람보다 몇십 배나 힘센 코끼리가 고작 가느다란 쇠사슬에 묶여 벗어나지 못하는 이유가 바로 이 때문입니다.

 **깜짝 퀴즈**

여기서 잠깐! 고정 관념과 관련된 퀴즈를 한번 맞혀 볼까요?
아래에 열십자로 놓인 동전이 있습니다. 지금 배치된 상태에서 동전을 하나만 움직여, 가로와 세로 동전의 개수가 같도록 만들어 보세요. 단, 동전을 숨기거나 뺄 수는 없습니다.

그뿐이 아닙니다. 생각의 감옥에 갇혀 있는 사람들은, 새로운 진실을 눈앞에 두고도 그것을 알아차리지 못하기도 하지요.

세계 최초로 전화기가 발명되어 판매를 시작했을 때, 미국의 어느 신문은 다음과 같은 기사를 실었습니다.

"금속선을 통하여 인간의 목소리를 한 장소에서 다른 장소로 옮길 수 있다는 말은 매우 웃기는 이야기이다. 경찰은 선량한 시민들을 속이는 사기꾼을 빠른 시일 내에 체포해야 할 것이다."

하지만 몇 년이 지나지 않아 전화기는 미국 전역에 설치되었고, 금속선을 통해 사람의 목소리를 실어 날랐습니다.

이렇듯 사람이 한번 고정 관념에 갇히면 세상을 바꿔 놓을 발명품을 보고도 사기꾼의 속임수라고 생각하게 됩니다.

자, 이제 고정 관념과 관련된 동전 퀴즈의 정답을 알려 드리겠습니

다. 퀴즈의 정답은 오른쪽 끝 동전을 들어서 가운데 동전에 포개어 놓는 것입니다. 그럼 가로와 세로의 동전의 개수가 각각 5개씩으로 맞추어지지요. 어때요, 여러분은 퀴즈의 정답을 맞혔나요?

답이 정말 간단하죠? 그런데 이런 간단한 해결책을 생각하지 못하는 사람이 생각보다 많습니다.

대부분의 사람들은 동전을 움직일 때, 다른 동전과 겹치지 않는 새로운 자리만을 생각하곤 합니다. 이것이 바로 생각의 감옥이지요. 하지만 이 생각의 감옥을 탈출해 '다른 동전의 위로 겹칠 수 있다.'라는 생각을 하게 되는 순간, 문제는 아주 쉽고 간단하게 해결됩니다.

이 책은 이처럼 생각의 감옥을 탈출할 수 있는 '생각 열쇠'를 얻도록 여러분을 도울 것입니다. 여러 가지 방법으로 생각할 수 있는 생각 열쇠를 갖게 된다면, 여러분도 어떤 문제든지 해결할 수 있는 방법을 찾을 수 있겠지요?

자, 이제 고정 관념이 무엇인지 알았다면 그 다음은 '무엇이 문제인가?'를 알아야 합니다. 문제가 무엇인지 알아야 문제를 해결할 수 있으니까요.

무엇이 문제일까?

일단 생각의 감옥에서 벗어난 사람들은 '남들과 다른 눈'을 갖게 됩니다. 남들이 당연하다고 생각하는 것을 전혀 다른 새로운 눈으로 보게 되는 것이지요.

예를 들면, 누구든 자동차는 당연히 땅 위에서 다니는 것이라고 생각합니다. 하지만 이러한 생각의 감옥에서 탈출한 사람들은 자동차를 다른 시각으로 바라봅니다.

'왜 자동차는 땅 위에서만 다니는 걸까?'

'자동차가 물 위에 떠서 갈 수는 없을까? 혹은 자동차가 하늘을 날 수는 없을까?'

이런 생각을 바탕으로, 이미 물 위를 다닐 수 있는 수륙 양용 자동차가 발명되었습니다. 생각의 감옥을 탈출한 사람들이 있었기에 가능한 일이지요.

여러분이 즐겨 보는 공상 과학 만화에는 하늘을 나는 자동차도 등장합니다. 하늘을 나는 자동차 역시 공상 과학 만화를 넘어서 이미 우리 곁에 와 있습니다.

또, 공상 과학 만화의 단골 소재였던 '손목에 차고 다니는 텔레비전'이나 '두 발로 걷는 로봇' 등 상상 속에서만 존재했던 많은 것들이 실제로 발명되어 이미 우리 주변에 존재하고 있습니다. 기술이 발달하면서, 공상 과학 만화나 영화에서 영감을 얻은 발명가들이 상상 속의 일들을 우리 주변의 현실로 만들어 놓은 것입니다.

이렇듯 '당연히 그럴 것이다.'라는 고정 관념에 벗어난 사람들은 평범한 우리 주변의 물

땅과 물 위를 다닐 수 있는 수륙 양용 자동차

땅과 하늘을 모두 다닐 수 있는 비행 자동차

건에서 무엇이 문제인지를 찾아냅니다. 그리고 그 문제점을 해결해서 새로운 발명품을 만들어 내지요.

우리 주위에서 흔히 볼 수 있는 볼펜 한 자루를 살펴봅시다. 대부분의 사람들은 볼펜을 사용하면서 볼펜의 문제점을 생각하지 않습니다.

하지만 어떤 사람들은 볼펜이 너무 쉽게 고장나거나, 잉크 찌꺼기가 종이를 더럽히거나, 잉크가 너무 빨리 닳아 버리는 것이 문제라고 생각할 수 있습니다.

볼펜의 잉크가 너무 빨리 닳는 것이 문제라고 생각한 사람들에게 필요한 것은 '오래 쓸 수 있는 볼펜'이겠지요? 그 사람들에게는 아래와 같은 곡선 잉크심을 가진 볼펜이 해결책이 될 것입니다. 잉크심을 곡선으로 만들면 다른 일자형 잉크심에 비해 더 많은 잉크가 들어갑니다. 당연히 볼펜도 더 오랫동안 쓸 수 있지요.

평범한 볼펜

나선형 잉크심을 채택해 잉크가 좀 더 많이 들어가는 볼펜. 당연히 사용 시간도 늘어난다.

그 다음에 살펴볼 물건은 이쑤시개입니다. 우리 주위에서 흔히 볼 수 있는 것은 일회용 나무 이쑤시개입니다. 그런데 나무 이쑤시개를 만들기 위해서는 나무 자원이 많이 필요합니다. 게다가 한 번 사용하고 버려지므로 쓰레기도 많이 발생하지요.

또, 식당이나 가정에서 쓰고 난 나무 이쑤시개는 간혹 음식물 찌꺼기에 섞여 버려지기도 합니다. 이 음식물 쓰레기는 가축의 사료로 사용되곤 하는데, 이때 가축들이 이쑤시개가 섞인 사료를 먹게 되면 날카로운 이쑤시개 끝이 소화 기관을 손상시켜 가축들이 죽는 일이 종종 일어납니다.

이러한 여러 가지 문제들을 염려한 어떤 사람이 물에 쉽게 녹는 친환경 녹말 이쑤시개를 발명했습니다. 녹말은 식물에서 뽑아낸 탄수화물의 일종으로 단단하게 압축시키면 이쑤시개로 쓰기에 알맞은 소재가 됩

환경을 해치고 불의의 사고를 일으킬 수 있는 나무 이쑤시개

나무 이쑤시개의 문제를 해결한 녹말 이쑤시개

니다. 그러면서도 소화액에 잘 녹아 혹시 가축이 먹더라도 큰 탈이 나지 않고, 같이 쓰레기로 버렸을 때도 나무 이쑤시개에 비하면 훨씬 처리 시간이 적게 듭니다. 이렇듯, 어떤 사물이나 현상에서 문제점을 발견하고 해결하는 과정을 통해 새로운 발명품이 만들어집니다.

같은 물건이라도 보는 사람에 따라 문제점이 달리 보이기도 합니다. 문제가 달라지면 문제를 해결하는 방법도 달라집니다. 따라서 무엇을 문제점으로 느끼느냐가 매우 중요하지요.

이를 잘 알려 주는 사례 가운데 하나가 바로 칫솔입니다. 칫솔은 아침 저녁으로 우리 입 안의 청결을 책임져 주는 매우 중요한 도구이지요. 그러다 보니 자주 쓰이는 칫솔에 대해 매우 다양한 사람이 다양한 문제점을 발견하고 또한 다양한 해결점을 제시했습니다. 고작 칫솔 하나에 무슨 문제점이 그리 많으냐고 생각할지도 모르겠습니다. 하지만 앞서 말한 것처럼, 다른 사람이 보기엔 전혀 문제로 보이지 않는 것을 문제로 찾아내는 생각의 힘이 중요한 것입니다.

칫솔 하나를 어떤 관점으로 바라보고 문제를 발견했는지, 또 그 문제를 어떻게 해결했는지 다음 경우를 살펴봅시다. 이들 중 몇몇 개는 여러분이 이미 짐작하고 있는 것일 수도 있고, 혹은 이미 사용중인 것일 수도 있습니다.

 칫솔에 관한 사소하지만 큰 문제점을 찾아보아요!

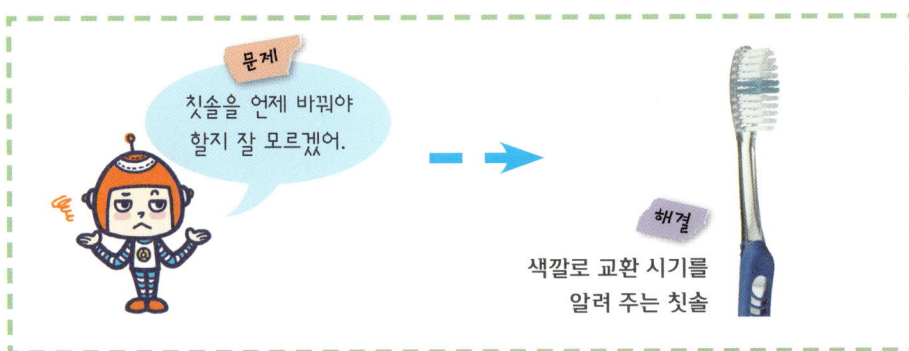

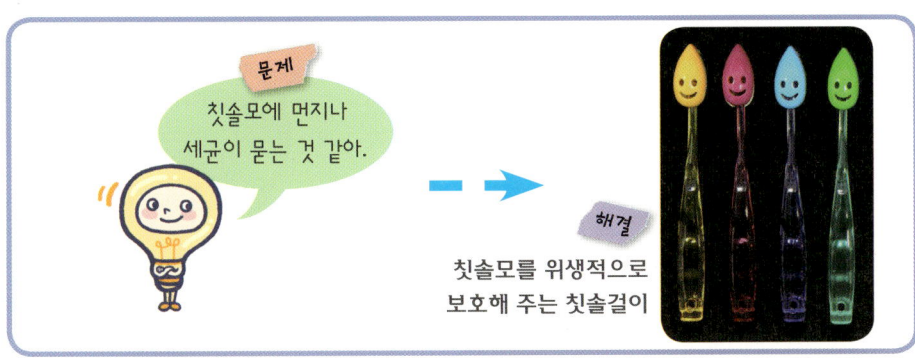

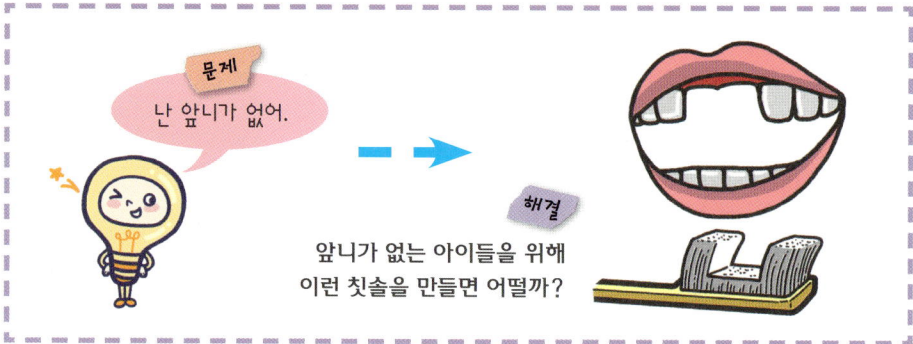

와, 칫솔 하나에 이렇게 많은 문제점이 있었는지 처음 알았죠? 이렇듯 문제점을 어떻게 느끼느냐에 따라 해결 방법이 완전히 달라지게 됩니다.

여러분은 평소에 여러분이 쓰는 칫솔의 문제점이 무엇이라고 생각했나요? 여러분이 생각한 문제점을 개선하려면 어떤 방법을 사용해야 할까요?

칫솔 말고도 우리 주변의 물건들을 둘러보고, 그중 한 가지 물건을 정해서 그 물건의 문제점이 무엇인지 10가지씩 찾아보는 놀이를 해 보세요. 이 놀이를 통해 여러분의 '생각하는 힘'은 크게 자랄 것입니다.

문제점 찾기 놀이

이 의자의 문제점은 무엇일까요?
10가지를 종이에 적어 보세요.

1.

2.

3.

4.

5.

6.

7.

8.

9.

10.

문제점을 해결하는 열쇠는 모순 알기

중국 초나라 때, 어떤 장사꾼이 시장에서 창과 방패를 팔고 있었습니다. 그는 한 손에 창을 들고 외쳤습니다.

"이 창은 아주 날카로워서 어떤 방패도 뚫을 수 있습니다!"

이번에는 다른 손에 방패를 들고 이렇게 외쳤습니다.

"이 방패는 아주 단단해서 어떤 창도 이 방패를 뚫을 수 없습니다!"

그러자 장사꾼을 지켜보던 어떤 사람이 빙그레 웃으며 말했습니다.

"그럼, 그 창으로 그 방패를 뚫어 보시오."

이 말에 장사꾼은 아무 말도 하지 못했답니다. 창이 방패를 뚫으면 무엇이든 막을 수 있는 방패라는 말이 거짓이 되고, 창이 방패를 뚫지 못하면 무엇이든 뚫는 창이라는 말이 거짓이 되니까요.

이 이야기에 나오는 '무엇이든 뚫을 수 있는 창'과 '무엇이든 막을 수 있는 방패'는 매우 그럴싸하게 느껴집니다. 하지만 결국 맞지 않는 말이었지요. 이처럼 '모순'이라는 말은 말이나 행동이 앞뒤가 맞지 않는 것을 가리킵니다. 또 어떤 일이나 상태, 판단 등이 함께할 수 없이 서로 반대되는 관계에 있음을 비유한답니다.

> 초나라 장사꾼 이야기에서 '모순'이라는 말이 유래되었지. 한자는 '矛(창 모)', '盾(방패 순)'이야. 말 그대로 풀이하자면 '창과 방패'라는 뜻이지.

그런데 이 모순이 문제점을 해결하는 데 큰 역할을 합니다. 예를 들어 요즘 휴대폰에는 텔레비전 프로그램을 볼 수 있는 기능을 가진 것들이 많이 있습니다. 이런 휴대폰에는 안테나가 있어서, 텔레비전 프로그램 전파를 공중에서 잡는 역할을 합니다.

이때, 안테나가 길면 길수록 전파를 잘 잡을 수 있습니다. 하지만 안테나가 길면 휴대폰을 주머니에 넣고 다니기 불편하겠지요. 즉 안테나는 '길어야 하지만, 길지 않아야 하는' 모순이 존재합니다. 결코 함께할 수 없는 반대되는 관계이지요.

그런데 이 모순을 찾게 되면 해결 방안도 찾을 수 있습니다. 이 안테나의 모순을 해결하기 위해 전자 제품 회사는 안테나를 다음과 같이 만들었습니다.

휴대폰의 안테나를 길게 뽑아 보면, 맨 끝에 있는 안테나는 가늘고, 그 다음 안테나는 조금 두껍고, 그 다음 안테나는 조금 더 두껍지요. 그래서 가는 안테나를 두꺼운 안테나 안으로 집어넣을 수 있습니다. 이렇게 포개진 안테나는 마지막으로 휴대폰 안에 쏙 들어갈 수 있도록 만들어져 있습니다. 텔레비전을 볼 때는 안테나를 길게 빼고, 주머니에 넣고 다닐 때는 안테나를 안으로 집어넣는 것이지요. 이렇게 해서, 길면서도 길지 않은 안테나가 만들어졌습니다.

'길어야 하지만, 길지 않아야 하는' 모순을 멋지게 해결해 낸 것입니다.

이번에는 여러분이 즐겨 하는 게임을 살펴봅시다.

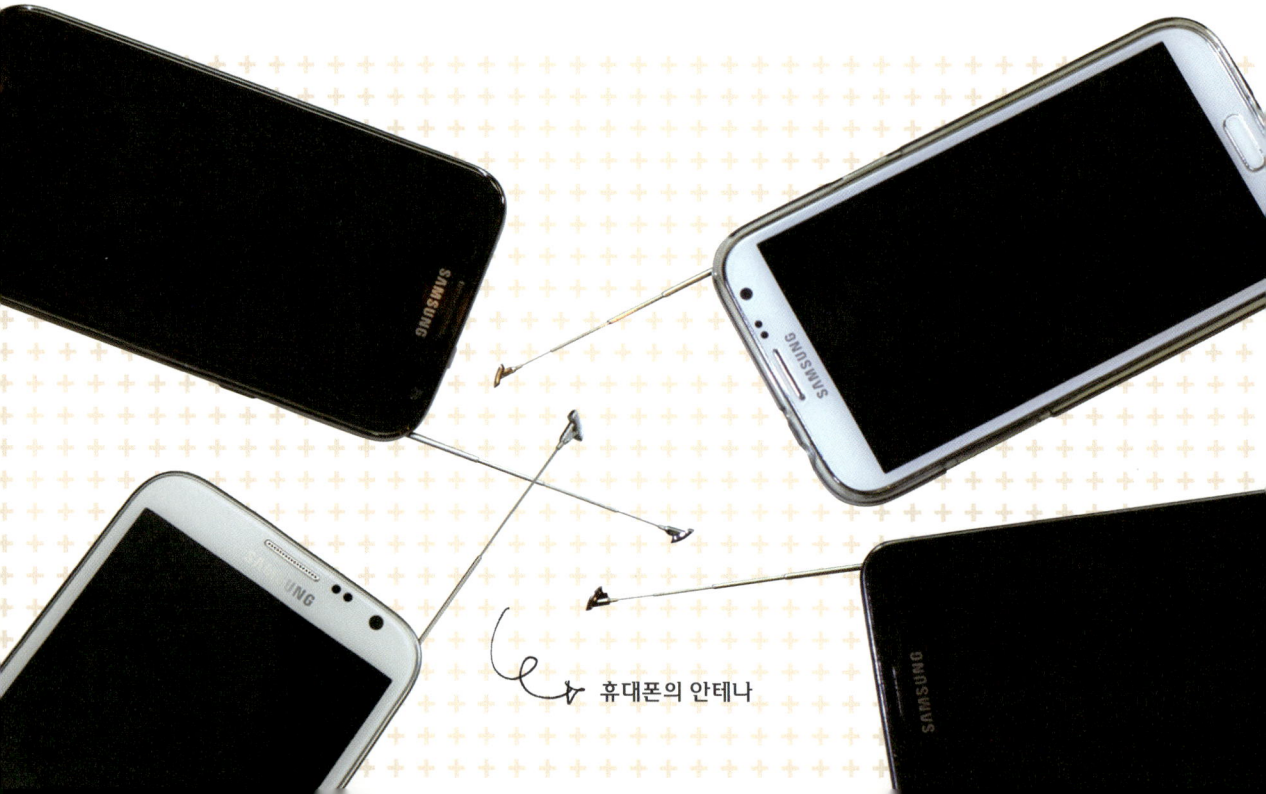

휴대폰의 안테나

게임을 하는 여러분은 미처 깨닫지 못하고 있겠지만, 게임 회사에는 풀기 힘든 모순이 존재합니다.

게임 회사 입장에서는 아이들이 게임을 많이 해야 매출이 올라갑니다. 그러나 사회적으로는 아이들이 지나치게 게임을 많이 하면 건강이 나빠지고, 가족 간의 화목이 깨진다는 좋지 않은 인식이 존재합니다.

이런 문제 때문에, 정부에서는 밤 12시가 되면 청소년들이 게임을 하지 못하도록 '셧다운제'를 운영하기도 하고, 지나치게 몰입성이 높은 게임에 대해서 청소년 이용 불가 판정을 내리기도 합니다. 게임 회사들 역시 게임에 청소년 안내 문구를 넣는 것 같은 노력을 합니다. 따라서 게임 회사들은 아이들에게 적극적으로 게임을 권장할 수가 없습니다.

그러던 중, 닌텐도라는 일본의 게임 회사가 이 모순을 근본적으로 해결하는 발명품을 만들어 냈습니다. 바로 '위(Wii)'라는 게임이지요.

온 가족이 모두 즐길 수 있는 게임이야.

게임도 하고 가족 간의 화목도 다지고.

닌텐도사는 온가족이 함께 몸을 움직여 할 수 있는 게임 '위'를 만들어, 게임이 가지는 모순을 해결하였다.

닌텐도사가 만든 '위'는 가족이 함께 스포츠, 다이어트, 노래, 운전 등을 온몸으로 즐길 수 있게 만든 게임입니다. 이로써 사람들의 건강을 해치고, 가족 간의 화목을 깬다는 오래된 게임의 모순을 해결했습니다.

이렇듯 문제를 해결하기 위해서는 모순을 잘 찾아내고 이 모순을 해결하는 것이 중요합니다.

왼쪽에 침대가 있습니다. 이 침대의 문제점은 무엇일까요? 침대에는 어떤 모순이 있을까요?

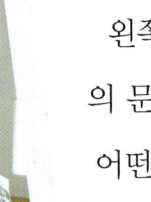
침대는 늘 공간을 차지한다.

'푹신한 침대는 허리 건강에 좋지 않다.'는 것을 문제로 생각한 사람이 있을지 모릅니다. 하지만 다른 방향으로 생각하면 푹신한 침대일수록 포근한 잠자리가 될 수 있습니다. 즉 허리 건강을 위해서는 침대가 딱딱해야 하지만, 편안한 잠을 생각한다면 침대는 푹신해야 하지요.

어떤 사람은 밤에만 사용하는 침대가 낮에 필요한 생활 공간을 너무 많이 차지한다고 생각할 수도 있습니다. 편하게 눕기 위해서는 침대가 넓어야 하지만, 생활 공간이 여유로우려면 침대는 작아야 하는 모순이 있는 것입니다. 그렇다면 다음 그림처럼 움직이는 침대를 만들어서 평소에는 침대를 올려 생활 공간을 넓게 쓰고, 잠잘 때만 내려서 방을 넓

게 쓰는 방법이 있을 수 있지요.

　이렇듯 사람마다 보는 관점에 따라서 다른 문제점을 찾아낼 수 있고, 그럼으로써 문제점 속에 숨은 모순도 달라지게 됩니다.

　앞서 살펴본 것처럼, 문제점을 찾아내고 이를 해결하는 '창의적인 생각과 발명을 위한 생각의 단계'는 다음과 같습니다.

 **창의적인 생각과 발명을 위한 생각의 단계**

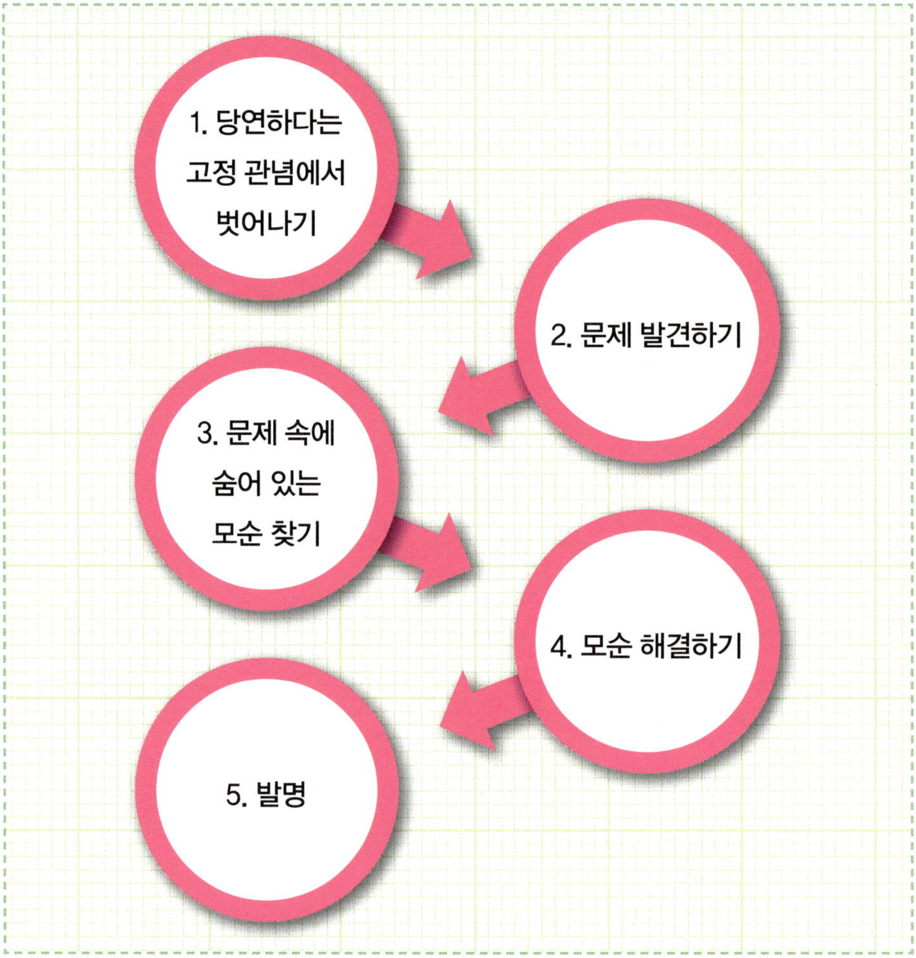

1. 당연하다는 고정 관념에서 벗어나기

2. 문제 발견하기

3. 문제 속에 숨어 있는 모순 찾기

4. 모순 해결하기

5. 발명

 고정 관념에서 벗어나는 게 먼저야!

 어떻게 해결하느냐가 제일 중요해!

 모순을 찾는 게 중요하지!

우리는 지금까지 생각의 감옥에서 탈출해 평범한 물건들 속에서 문제점을 발견하고, 그 문제 속에 숨어 있는 모순을 발견하는 것이 중요하다는 이야기를 함께 나누었습니다.

그럼 이제 결론을 기억해 두세요.

"발명은 모순을 해결하는 과정입니다!"

그리고 우리는 지금부터 모순을 해결하는 마법과도 같은 비법을 공부할 것입니다. 그 비법이란 바로 '트리즈'입니다!

발명 이야기

발명할 수 있는 모든 것은 이미 발명되었다!

1899년, 미국 특허청장이었던 찰스 듀얼이라는 사람은 "발명할 수 있는 모든 것은 이미 발명되었다."라고 말했습니다. 하지만 지금까지 이 책을 읽어 온 여러분은 이 말이 얼마나 우습고 어리석은 말인지 잘 알 것입니다. 찰스 듀얼이 그 말을 했던 1899년 이후로도 헤아릴 수 없이 많은 발명품들이 쏟아져 나오고 있고, 그러한 발명들 덕분에 우리의 삶이 더욱 윤택해지고 있으니까요.

우연히 기막힌 아이디어가 하나 떠올라 인터넷을 검색해 보면, 이미 누군가가 그런 제품을 만들어 둔 것을 보고 실망한 적이 있는지요? '세상에 없는 것은 없구나! 더 이상 새로운 생각을 해내기란 정말 어렵겠구나.'라고 생각하기 쉬울 겁니다. 하지만 이제부터 그런 생각은 하지 않기로 해요. 이미 찰스 듀얼이 했던 말이 틀렸다는 것을 너무나도 잘 알고 있는 여러분이라면요.

문제를 해결하는 생각 열쇠, 트리즈

　트리즈라는 말이 여러분에게 낯설게 느껴질 수 있을 것 같습니다. 트리즈(Triz)란 '창의적 문제 해결 이론'이라는 뜻을 가진 러시아 어의 약자입니다. 트리즈가 러시아 어의 약자로 이루어진 것은, 이 트리즈를 만든 사람이 옛 소련의 과학자 알트슐러(1921~1998년)라는 사람이기 때문입니다.

　그는 열네 살에 처음 발명을 시작해 특허를 얻은 발명 천재였지요. 여기서 특허란 새롭고 쓸모 있는 제품을 발명하거나 기술을 개발했을 때, 다른 사람들이 비슷한 제품이나 기술을 허락 없이 쓰지 못하도록 갖는 권리를 말해요. 큰 이득이 될 수 있는 권리인 만큼, 남보다 뛰어난 아이디어와 합리적인 사고력이 있어야 창의적인 발명을 할 수 있고 특허를 얻을 수 있답니다. 알트슐러는 어린 나이에 특허를 얻어 낼 만큼 똑똑하고 창의력이 넘치는 소년이었어요.

알트슐러는 스물한 살이 되던 해 군대에 입대해 해군의 특허 부문에서 일했습니다. 그는 해군에서 다양한 특허를 접하고 분석하면서, 특허들 사이에 공통된 원리가 있다는 것을 깨달았습니다.

트리즈를 창시한 알트슐러

알트슐러는 해군에서 보관하고 있던 20만 건의 특허를 모조리 분석해 특허들 사이에 존재하는 공통적인 발명의 원리, 창의적 문제 해결 이론(트리즈)을 정리했습니다.

알트슐러는 소련이 더욱 발전되기를 바랐습니다. 그는 1948년에 소련의 발명 정책에 대한 문제점을 이야기하고, 트리즈를 배우면 소련에서 더 많은 발명이 이루어질 수 있다는 편지를 그 당시 소련의 독재자였던 스탈린에게 보냈습니다. 그러나 스탈린은 알트슐러가 소련의 체제에 불만을 품었다는 이유로 그를 25년 동안 감옥에 가두었습니다.

알트슐러는 감옥에서도 트리즈를 계속 연구했고, 스탈린이 죽고 나서 감옥에서 석방된 후에는 많은 동료와 제자들과 함께 트리즈를 더욱 발전시켰습니다. 알트슐러가 사망할 때까지 알트슐러와 그의 동료, 제자들은 총 200만 건 이상의 특허를 분석해 발명의 원리를 40가지로 정리한 다음 발표했습니다.

트리즈는 매우 혁신적이고 다채로운 내용을 담고 있습니다. 그러나 가장 근본적인 내용은, 문제가 발생하게 된 근본 모순을 찾아내 이를 해결하는 방안을 모색하는 것입니다. 즉, 모순되는 내용을 창의적으로 해결하는 기술이 바로 트리즈이며, 모순을 잘 해결하는 데서 발명의 원리이자 공식이 탄생한 것이지요.

알트슐러는 트리즈의 40가지 발명 공식을 만들었지만, 이 책에서는 너무 어려운 공식들은 제외하고 유사한 공식은 묶어, 20가지의 발명 공식으로 정리했습니다. 이 20가지의 발명 공식을 '주니어 트리즈 발명 공식'이라고 부르려고 합니다.

이제부터 여러분들은 이 주니어 트리즈 발명 공식을 만나게 됩니다. 그리고 그 공식을 만나면 만날수록, 사물을 바라보고 문제를 찾아내며

문제를 해결하는 데에 이렇게 다양하게 생각하는 방법이 있다는 사실을 깨닫게 될 것입니다. 그리고 그 깨달음 속에서 여러분 스스로가 생각하는 방법을 점차 알게 될 것입니다.

한 가지 사물을 하나로 보는 것이 아니라, 여러 가지 다양한 방식과 관점으로 보고 파악하는 건 정말 신 나는 일이 될 겁니다. 그리고 문제를 해결하면서 여러 가지 발명의 원리를 찾아내는 과정은 더욱 재미있을 거고요.

자, 그럼 이제부터 본격적으로 주니어 트리즈 발명 공식을 만나 볼까요? 우리 앞에 어떤 발명의 세계가 펼쳐질지 우리 같이 만나러 떠나 봅시다.

와, '산'의 반대말이 정말 다양하다!

그래, 단어 하나도 곰곰 뜯어보고 생각해 보면 이렇게 다양한 뜻이 있는 거였어!

맞아, 뭐든지 정답은 하나가 아닐 수도 있는 거야.

다양하게 생각하면 더 다양한 해답이 나올 테니까 말이야!

01 합치기

- 여러 가지 일을 동시에 할 수 있도록 합친다.
- 한 물건이 두 가지 이상의 일을 할 수 있도록 한다.

01. 합치기

우리가 살펴볼 주니어 트리즈 발명 공식의 첫 번째 원리는 바로 '합치기'입니다. 어떤 제품이 한 번에 여러 일을 동시에 할 수 있도록 합치거나, 하나의 물건에 두 가지 이상의 기능이 있도록 만드는 것이죠. 물론 단순히 어떤 물건이나 기능을 합쳐 놓은 것만으로는 발명이라 할 수 없어요. 합침으로써 더 유용한 장점이 생겨나야 해요.

우리 주위에는 합치기 원리를 사용해 생활을 편리하게 한 발명품이 굉장히 많습니다. 여러분의 필통에도 있을지 모르겠군요. 여러 색깔이 하나의 볼펜 안에 들어 있는 다색 볼펜은 바로 합치기 원리를 이용한 발명품입니다. 원래 볼펜은 한 제품이 한 가지 색만 낼 수 있었지만, 여러 색깔의 볼펜심을 합침으로써 한 제품으로 여러 가지 색깔을 낼 수 있게 만든 것입니다. 일명 '맥가이버 칼'이라 불리는 스위스 군용 칼도 하나의 제품에 다양한 기능을 가진 도구들이 합쳐진 다용도 제품이지요.

우리의 생활과 뗄 수 없는 관계가 된 스마트 폰은 또 어떤가요? 휴대

다색 볼펜, 스마트 폰, 맥가이버 칼은 다양한 기능이 하나로 합쳐진 발명품이다.

폰이란 원래 움직이면서 전화를 사용하기 위해 만들어진 것인데, 여기에 인터넷과 텔레비전, 시계, 카메라, 음악 재생 등 여러 기능들이 복합적으로 합쳐져 오늘날의 스마트 폰으로 탄생했지요. 그 덕분에 이제 사람들은 가볍게 스마트 폰 하나만 있으면 전화 걸기, 인터넷 검색, 음악 듣기 등등을 모두 할 수 있게 되었습니다.

그밖에 진공청소기와 물걸레가 합쳐진 청소 도구나 복사기와 팩스, 프린터가 결합된 사무 복합기도 우리 주변에서 흔히 볼 수 있는 합치기 원리를 이용한 발명품입니다. 텔레비전 홈쇼핑에 많이 나왔던, 펼치면 침대가 되고 접으면 소파가 되는 제품도 본 적이 있을 것입니다. 또 에어컨과 가습기, 공기 청정기의 기능이 합쳐진 전자 제품도 합치기 원리를 이용한 제품이지요.

전기밥솥은 쌀을 끓여 밥을 하는 취사의 용도와, 지은 밥을 보온하는 보관의 용도가 함께 담긴 제품입니다. 요즘에는 여기서 더 나아가 죽이나 누룽지를 만들고, 감자나 옥수수를 찌고, 삼계탕이나 약식 같은 요리를 할 수 있는 전기밥솥이 등장했습니다.

복사부터 팩스와 스캔 기능이 달린 사무 복합기

다양한 기능을 가진 밥솥

전기밥솥이 가지고 있던 밥 짓기 기능에 여러 가지 음식 만들기 기능을 더함으로써 더욱 다양하게 활용할 수 있는 제품으로 발전한 것입니다.

이렇게 제품을 하나로 합치거나, 여러 가지 기능을 넣어 다용도로 쓸 수 있게 함으로써 다양한 편리를 제공하는 발명품들이 많습니다. 이러한 원리로 탄생한 물건에는 또 어떤 것이 있을까요? 여러분 주위를 둘러보고 한번 찾아보세요.

 **아이디어 상품** – 저울과 도마를 합쳐라!

요즘은 어릴 때부터 부모님과 함께 빵을 만들거나 요리를 돕는 어린이들이 제법 많다고 합니다. 여러분도 집에서 요리를 해 본 경험이 있나요?

요리를 할 때 가장 중요한 것은 사랑과 정성이겠지만, 어떤 재료를 얼마나 넣어야 하는지도 중요합니다. 특히 자신이 잘 모르는 요리를 할 때는 요리 책을 참고하는데, 요리 책에는 보통 고추를 몇 그램, 마늘을 몇 그램 넣으라는 식의 설명이 되어 있습니다. 무게를 재려면 저울이 필요한데, 요리할 때마다 저울을 준비하는 건 좀 번거롭겠죠?

이런 불편함을 없애 주는 아이디어 상품으로 저울이 합쳐진 도마를 소개합니다. 위의 그림처럼, 저울 부분에 재료를 올려놓으면 무게가 표시되니 따로 저울을 준비할 필요가 없답니다. 이런 저울 도마가 있다면 요리할 때 참 편리하겠죠?

 발명 연습

 나도 나도 발명가! 1

합치기 원리는 무조건 A와 B를 단순히 합치는 데 그쳐서는 안 됩니다. 합침으로써 새로운 쓰임새나 편리함이 추가적으로 발생해야 하는 것이지요.

아래에 있는 사물들 중 두 가지를 결합해서, 새로운 쓰임새를 가지거나 더 큰 편리함을 주는 발명품을 생각해 보고 168쪽 발명 노트에 그려 보세요. 그리고 어떤 쓰임새가 있는지도 적어 보세요.

1. 세면대 2. 시계 3. 화장실 변기 4. 저울

 **세면대 + 화장실 변기**

소변을 보고 나면 손을 씻지요. 이 손 씻은 물을 그냥 버리지 않고 그 물로 소변기를 청소해 주는 물 절약 변기입니다.

마찬가지로 손 씻은 물을 모았다가 변기의 물을 내리는 물 절약 변기도 있습니다.

굿 아이디어! 물이 부족한 나라에 꼭 필요한 제품이야!

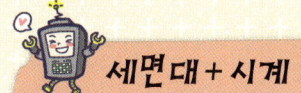

물을 절약해 주는 세면대 수도입니다. 물을 쓸 시간을 선택하면, 그 시간만큼만 물이 나옵니다. 마냥 물을 틀어 놓고 손을 씻거나 양치질하면서 낭비되는 물을 막을 수 있겠죠?

물 틀어 놓고 텔레비전 보느라 깜박하기 일쑤인 사람들에게 추천해요!

화장실 변기 + 저울

화장실에 앉으면 자동으로 체중을 측정할 수 있도록 화장실 변기 뚜껑과 저울이 결합된 제품입니다. 다이어트를 하는 사람들은 1그램이라도 가볍게 하려고 굉장히 힘을 주겠네요.

나도 나도 발명가! 2

자, 앞의 발명 연습을 해 보았으니, 이번에는 또 다른 발명품을 생각해 봅시다.

여러분이 자주 사용하는 문구류에는 여러 가지가 있습니다.

연필, 지우개, 컴퍼스, 각도기, 가위, 자, 볼펜, 색연필, 샤프, 스테이플러(찍개), 수정액(화이트), 줄자, 연필깎기, 필통 등등….

지우개가 달린 연필처럼, 두 가지 이상의 문구류를 결합해 다용도로 사용할 수 있는 새로운 발명품을 만들어 보세요. 그리고 여러분의 발명품을 169쪽 발명 노트에 그려 보세요.

02 포개기

- 한 물체를 다른 물체 안으로 포개어 넣는다.
- 한 물체가 다른 물체 안으로 통과할 수 있게 한다.

두 번째로 살펴볼 발명 공식의 원리는 '포개기'입니다. 한 물체를 다른 물체 안으로 포개어 넣거나, 한 물체가 다른 물체 안으로 통과할 수 있게 하는 원리이지요. 빈 공간을 찾아 그 속에 다른 것을 집어넣어 부피를 줄이거나, 다른 기능을 하게 하는 방법으로 사용됩니다.

포개기의 원리가 들어간 우리 주변의 물건에는 무엇이 있을까요?

스마트 폰 안테나는 대표적으로 포개기 원리가 적용된 발명품입니다. 앞에서, 스마트 폰은 다양한 기능을 하나로 합친 상품이라는 사실을 확인했지요? 이 스마트 폰으로 텔레비전을 볼 때 전파를 수신하기 위해서는 안테나가 사용됩니다. 그런데 전파를 수신하려면 안테나가 길어야 하지만, 휴대가 편리하려면 안테나가 길지 않아야 하는 문제점이 있습니다. 그래서 전파를 잘 수신하면서도 가지고 다니기 편리하도록 안테나는 포개져서 스마트 폰 안으로 쏙 들어갑니다. 이것은 '길어야 하지만, 길지 않아야 한다.'라는 모순을 극복한 아주 좋은 사례입니다.

낚싯대도 스마트 폰 안테나와 비슷한 경우입니다. 물속 깊은 곳까지 낚싯대를 드리우려면 낚싯대의 길이가 길어야 하지만, 한편으로 휴대하기 편하도록 낚싯대는 짧아야 하지요. 이러한 모순을 극복하기 위해 낚싯대는 휴대 중에 포개어 접을 수 있게 되어 있습니다.

고층 아파트에서 이삿짐을 옮길 때 사용되는 사다리차

낚시할 때는 길게 늘이고, 들고 다닐 때는 포개어 접을 수 있는 낚싯대

역시 이동 중에는 사다리를 포개고, 고층으로 이삿짐을 옮길 때는 사다리를 펼쳐서 사용합니다.

줌 카메라의 렌즈 부분에도 포개기의 원리가 적용되어 있습니다. 가까운 곳뿐 아니라 먼 곳을 찍을 때도 선명한 사진을 얻고 싶다면 촬영 거리가 다양한 렌즈가 필요합니다. 그러나 렌즈를 여러 개 들고 다니는 것은 무겁고도 불편하지요. 그래서 다양한 촬영 거리를 가진 렌즈들을 카메라 안으로 포개 넣은 제품이 탄생했는데, 이것이 바로 줌 카메라입니다.

또 대형 마트에 있는 쇼핑 카트는 카트끼리 포개도록 만들어져 있어서 좁은 공간에 많은 카트를 보관할 수 있습니다. 그 밖에도 띠가 말려 들어 가는 안전벨트, 큰 그릇 안에 작은 그릇을 겹쳐서 보관하는 여행용 코펠 등 우리 생활 속 곳곳에 포개기의 원리가 적용된 상품은 매우 많습니다.

포개면 포갤수록 좋다!

다양한 렌즈가 포개진 줌 카메라

공간 절약에 아주 좋아요!

포개지는 사다리차

포개지는 쇼핑 카트

03 나누기

- 하나의 물체를 작게 쪼갠다.
- 하나의 물체를 각각 독립되도록 나눈다.

03. 나누기

많은 사람들이 중국 음식점에 가면 짜장면도 먹고 싶고 짬뽕도 먹고 싶어서 갈등을 합니다. 그런데 언제부터인가 하나의 그릇을 둘로 나누어 짜장면과 짬뽕, 짜장면과 탕수육 등 두 가지 음식을 함께 먹을 수 있게 한 새로운 메뉴가 나타나기 시작했지요. 바로 주니어 트리즈의 세 번째 발명 공식인 '나누기'를 응용한 해결 방법입니다. 나누기는 하나의 물체를 작은 단위로 쪼개거나, 하나의 물건을 각각 독립적인 몇 개의 부분으로 나누는 것을 말합니다.

나누기 원리가 적용된 제품은 이뿐만이 아닙니다. 잘 알려진 의자 중에 등받이가 두 개인 '듀오백' 의자가 있습니다. 듀오백이 나오기 전까지 모든 의자는 등받이가 한 개였지요. 그런데 등받이를 두 개로 나누자 척추를 기준으로 좌우로 대칭인 우리 몸을 더욱 효과적으로 받쳐 줄 수 있게 되었습니다. 듀오백 이전에 의자의 등받이는 당연히 한 개라고 생각했지만, 이렇게 고정 관념에서 벗어나는 순간 더 편리하고 더 새로운

짬짜면은 그릇을 두개로 나누어 짜장면과 짬뽕을 함께 맛볼 수 있게 했다.

등받이는 하나라는 고정 관념을 깬 듀오백 의자

발명품들이 탄생합니다.

　이번에는 창문에 설치되어 햇빛을 가려 주는 커튼을 생각해 볼까요? 우리는 커튼을 열었다 닫았다 하면서 햇빛을 조절합니다. 하지만 커튼은 열고 닫는 두 가지 선택만 존재합니다. 햇볕의 양을 부분적으로 조절하는 것은 어렵지요. 이런 고민에서 탄생한 것이 버티컬입니다. 버티컬은 커튼을 세로로 쪼개어 놓은 형태로, 집 안으로 들어오는 햇빛의 양을 손쉽게 조절할 수 있습니다. 그래서 요즘에는 커튼 대신 버티컬을 설치하는 집도 많습니다.

　하나의 예를 더 살펴볼까요? 글씨를 쓰기 위해서는 연필을 사용하는데, 연필을 깎는 것은 꽤 귀찮은 일이지요. 그리고 글씨를 쓰는 데 사용되는 것은 연필심인데, 연필의 나무 부분까지 깎아 버려야 할 필요가 있을까요? 연필심만 새로 교체하고, 연필은 계속 사용할 수 있도록 발명할 수는 없을까요? 네, 이미 짐작했겠지만, 샤프가 바로 그것입니다.

커튼을 포갠 듯한 형태로 빛의 양을 조절하기 쉽도록 만든 버티컬

샤프는 연필과 연필심을 분리한 발명품이다.

샤프는 연필과 연필심을 분리함으로써 연필 부분을 깎지 않아도 되었습니다. 게다가 샤프심만 교체하면 계속해서 사용할 수 있습니다.

지금까지 살펴본 것처럼 하나의 물건을 쪼개서 나누는 방법을 사용하면, 여러 가지 새로운 장점을 가진 물건들을 발명할 수 있습니다.

발명 이야기

홍려, 깎지 않는 연필을 발명하다!

타이완에 홍려라는 사람이 살고 있었습니다. 가난한 대장장이 아버지를 도와 대장간 일을 돕던 홍려는, 어릴 때부터 발명을 좋아했습니다.

밤새 발명 연구에 매달리던 홍려는 100여 건에 달하는 발명품을 만들어 냈지만, 그 어느 발명품도 잘 팔리지 않아 오히려 빚만 늘었습니다. 또 매일 종이에 많은 발명품을 그리다 보니, 연필이 너무 빨리 닳아 버렸지요.

연필을 깎는 일이야말로 홍려에게는 너무나 귀찮은 일이었습니다. 그래서 홍려는 깎지 않아도 되는 연필을 발명하기로 마음먹고 끊임없이 연구에 몰두했습니다.

연필에 대한 생각으로 가득 차 있던 어느 날, 홍려는 양치질을 하려고 치약을 짜다가 문득 아이디어가 떠올랐습니다.

'아! 치약 튜브와 치약처럼, 연필과 연필심을 분리하면 어떨까? 치약 튜브를 짜는 것처럼, 누르면 연필심이 나오게 하는 거야!'

이렇게 해서 홍려가 만든 '깎지 않아도 되는 연필'은 세계적인 수출 상품이 되었고 홍려는 큰돈을 벌게 되었답니다.

만일 홍려가 트리즈의 나누기 공식을 알고 있었다면 어땠을까요? 연필과 연필심을 나누는 아이디어에서부터 시작했다면, 홍려는 좀 더 쉽게 샤프를 발명하지 않았을까요?

생각 천재가 되는 발명 공식 20

04 빼내기

- 필요한 부분만 남긴다.
- 불필요한 부분은 빼내어 버린다.

컴퓨터를 사용하다가 마우스와 컴퓨터를 연결하는 선이 거추장스러워 불편했던 적이 있나요? 그럴 때면 우리는 이렇게 생각합니다. '이 마우스 선을 빼내어 버리면 안 될까?'

이러한 생각에서 탄생한 것이 바로 무선 마우스입니다. 유선 마우스의 불편한 연결선을 없앤 발명품이지요. 이 무선 마우스는 선이 없는 대신, 마우스 안의 무선 장치가 컴퓨터와 통신을 합니다.

주니어 트리즈의 네 번째 발명 공식인 '빼내기'는 방해가 되거나 불필요한 부분을 빼내어 버리고, 필요한 부분만 남기는 것입니다. 그럼, 이 무선 마우스에서 우리에게 또 불편한 부분은 무엇이 있을까요?

무선 마우스는 전원이 따로 필요하기 때문에 건전지를 주기적으로 바꾸어 주어야 합니다. 건전지는 무선 마우스에서 방해가 되는 부분이지요. 그럼 건전지를 교체하지 않고, 무선으로 충전하는 방법은 없을까요?

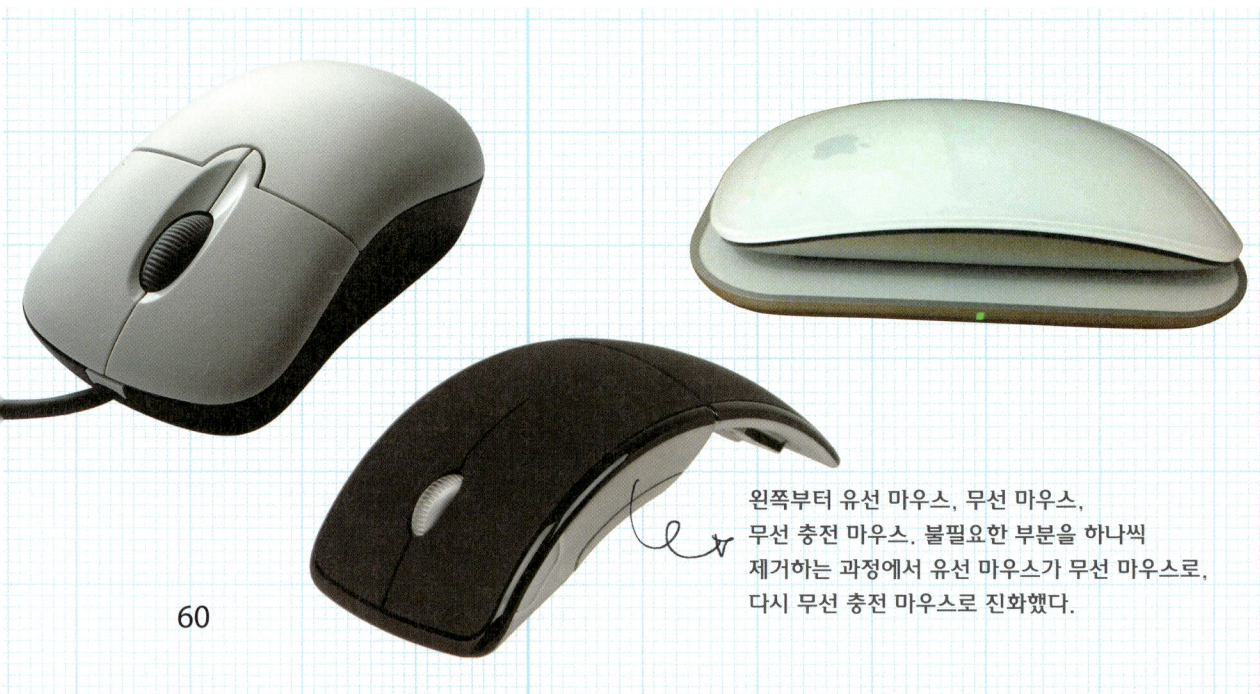

왼쪽부터 유선 마우스, 무선 마우스, 무선 충전 마우스. 불필요한 부분을 하나씩 제거하는 과정에서 유선 마우스가 무선 마우스로, 다시 무선 충전 마우스로 진화했다.

이 고민도 곧 해결되었습니다. 마우스를 사용하지 않는 동안 마우스 패드 위에 올려 두면 자동으로 충전이 되어, 건전지가 필요 없는 새로운 무선 충전 마우스가 출시된 것입니다.

빼내기 원리가 기막히게 적용된 예는 또 있습니다. 바로 씨 없는 수박이에요. 수박 씨는 수박을 먹을 때 참 걸리적거리는 존재입니다. 하나씩 뱉어 내야 하니까요. 귀찮은 수박 씨를 없앨 수는 없을까 하는 생각 끝에 발명된 것이 바로 씨 없는 수박입니다.

줄넘기에 꼭 줄이 있어야 한다는 것도 고정 관념입니다.

'줄넘기에서 꼭 줄이 필요할까?'

'줄이 없더라도 운동 효과는 동일하지 않을까?'

'오히려 줄에 걸려서 운동이 중단되거나, 줄에 걸려 넘어지는 부작용이 더 크지 않을까?'

이런 생각 끝에 줄넘기에서 불필요한 줄을 제거해 버린 줄 없는 줄넘

줄 없는 줄넘기

씨 없는 수박

기가 크게 히트하여 지금도 많이 팔리고 있습니다.

날개 없는 선풍기는 또 어떤가요? 선풍기는 전기의 힘으로 날개를 돌려서 바람을 일으키는 도구입니다. 그러나 매년 여름 선풍기 날개에 아이들이 손가락을 다치는 사고가 많이 일어납니다. 선풍기의 날개는 꼭 필요하지만, 동시에 해로운 부분입니다. 선풍기의 날개를 빼 버릴 수는 없을까요?

이 혁신적인 생각은 이미 상품으로 출시되어 판매되고 있습니다. 바로 '날개 없는 선풍기'이지요. 날개 없는 선풍기 아랫부분에서 모터를 통해 공기를 빨아들인 다음, 위쪽의 둥근 고리 부분으로 그 공기를 밀어 올려 바람을 발생시키는 선풍기랍니다. 회전하는 날개가 없으니 우리 친구들의 손가락도 안전하겠지요?

선풍기에는 반드시 날개가 있어야 한다는 생각의 감옥에서 탈출하는 것이 어려울 뿐, 그 감옥에서 벗어나면 무한한 가능성의 세계가 열려 있습니다. 불편한 것, 불필요한 것을 제거하는 과정에서 더 뛰어난 발명품이 탄생할 수 있답니다.

선풍기 날개로 인한 사고를 막기 위해 발명된 날개 없는 선풍기

복사하기

- 비싸거나 다루기 어려운 원본 대신, 싸고 단순한 복사본을 사용한다.
- 다른 것으로 대신한다.

보통 복사라고 하면, 복사기로 원본과 똑같은 복사본을 만들어 내는 것을 생각합니다. 하지만 우리가 살펴볼 발명 공식의 원리 '복사하기'는 똑같은 것을 찍어 내는 것만을 의미하는 것은 아닙니다. 어떤 것을 바꾸어서 대신 그 구실을 하게 한다는 뜻도 포함되어 있습니다.

우리가 고흐의 그림을 보러 미술관에 갔다고 합시다. 전시되어 있는 그림은 진짜 고흐의 그림으로 무척 비싼 물건입니다. 그렇기 때문에 고흐의 그림이 아무리 좋아도 그 그림을 사서 집에 걸어 둘 수 있는 사람은 별로 없지요.

하지만 관람을 끝내고 나왔을 때 미술관에서 판매하는 고흐의 그림 액자나 그림엽서는 어떤가요? 진짜 고흐의 그림은 아니지만, 그 그림을 똑같이 구현해 낸 그림 액자나 그림엽서는 훨씬 싼 가격으로 고흐 그림의 느낌을 즐길 수 있게 해 줍니다. 이때 그림 액자나 그림엽서는 복사본이라고 할 수 있습니다.

사람 대신 옷 입은 품새를 보여 주는 마네킹

고흐의 복제 그림

원본이 존재하면서, 원본을 대신해서 복사본을 활용하는 것들을 주니어 트리즈 공식에서는 복사의 원리가 적용되었다고 말합니다.

병원에서 엑스레이를 찍는 것도 복사의 원리가 적용된 사례입니다. 엑스레이 촬영은 사람의 내부 모습을 보기 위해, 엑스선이라는 광선을 사람에게 투과시켜 사람의 뼈나 장기의 사진을 얻습니다. 이때 사람이 원본이며, 사람을 촬영한 사진을 복사본이라고 할 수 있습니다. 옷가게에 서 있는 마네킹도 역시 사람이 직접 옷을 입고 서 있는 수고로움을 대신해 주는 복사품입니다.

영화에서 위험한 장면을 촬영할 때는 실제 배우가 아니라 전문적인 스턴트맨이 실제 배우의 분장을 하고 촬영을 합니다. 몸값이 비싸지만 위험한 연기는 잘 못하는 배우 대신, 몸값은 싸지만 위험한 연기를 잘하는 스턴트맨이 촬영하는 것이지요.

또 우리가 좋아하는 꽃은 어떤가요? 꽃집이나 꽃 시장에서 파는 생화

엑스레이는 사람의 내부 모습을 복사한다.

생화의 아름다움을 복사한 조화

는 아름답지만 잘 시들기 때문에, 때로는 생화를 대신하는 조화가 사용되기도 합니다. 스턴트맨이나 조화처럼, 위험하거나 다루기 어려운 것들을 비슷한 것으로 대신하는 것이 바로 복사의 원리입니다.

자동차 회사에서 새로운 자동차 모델을 개발하면 안정성 테스트를 합니다. 자동차를 벽에 충돌시켜, 사고 시 새로 개발한 자동차가 어느 정도 안전한지를 테스트하는 것이지요. 이때 사람이 직접 자동차에 타는 것이 아니라 마네킹을 탑승시켜 테스트를 하는데, 사람을 대신하는 마네킹도 복사의 원리가 적용된 사례입니다. 사람이 직접 테스트할 때의 위험성을 값싼 마네킹이 대신하는 것처럼, 앞으로 힘들고 어렵고 위험한 일을 대신해 줄 로봇이 등장할 날도 머지않은 것 같군요.

자동차 충돌 테스트에는 사람의 복사본인 마네킹이 활용된다.

생각 천재가 되는 발명 공식 20

06 비대칭으로 만들기

- 대칭의 정도를 줄이거나 비대칭으로 만든다.

✈ 완벽한 대칭형 날개를 지닌 나비

우리 주위를 둘러보면 대칭형으로 되어 있는 사물이 많습니다. 대칭이란 점이나 직선, 평면의 양쪽에 있는 부분이 똑같은 모양으로 이루어져 있는 것을 말하지요. 가장 완벽한 대칭은 바로 공처럼 원의 형태를 이루고 있는 것이랍니다.

젓가락 두 짝도 대칭, 왼손과 오른손도 대칭입니다. 물건뿐 아니라 나비, 나뭇잎 등 자연에서도 대칭을 이루는 것들을 많이 찾아볼 수 있지요. 사람들은 대칭을 이루는 모양에서 안정감을 느끼는 것 같습니다.

이렇게 우리 주변의 아주 많은 물건들이 대칭형 구조를 가지고 있고, 사람들도 물건을 설계할 때 습관적으로 대칭형 구조로 생각을 합니다. 그러나 대칭이 반드시 편리할까요? 대칭이 반드시 좋은 것이기만 할까요?

이번에 살펴볼 발명 공식의 원리는 바로 '비대칭으로 만들기'입니다. 대칭인 것을 비대칭으로 바꿈으로써 생활에 편리함을 제공하는 방법입니다.

가위도 대칭형보다는 비대칭이 더 편리합니다. 엄지손가락을 끼우는 부분은 구멍이 작고, 나머지 손가락을 끼우는 부분은 구멍을 크게 만들어야 편하지요. 젓가락 역시 끝부분이 손잡이 부분보다 가는 것이 젓가락질을 하기에 더 편리합니다.

아까 가장 완벽한 대칭은 원형이라고 했지요? 음료수 뚜껑은 동그랗기 때문에 가끔 잘 돌아가지 않거나 손이 미끄러져 잘 열리지 않는 경우가 있습니다. 그럴 때 '동그란 모양이 아니라 다른 모양이라면 잘 열릴 텐데.'라고 생각해 본 적이 있나요? 아래 그림에서 보이는 것처럼 음료수 뚜껑을 비대칭으로 만들면 마개를 돌리기 쉽지 않을까요?

그 밖에 아래쪽 손잡이 부분을 비대칭으로 두껍게 만들어 무게 중심을 아래로 둔 칫솔은 혼자 서 있을 수 있어서 따로 칫솔꽂이가 필요 없습니다. 또, 기름이 한쪽으로 흘러 빠져나올 수 있게 기울어지도록 만든 고기 불판도 비대칭의 원리를 적용한 제품입니다.

어때요, 우리 주변에 비대칭인 물건들이 꽤 많지요? 사람들은 본능적으로 대칭형의 물건들을 만들어 내지만, 이런 생각을 버린다면 더 새롭고 편리한 발명품이 나올 수 있을 것입니다.

▲ 비대칭 음료수 뚜껑

▲ 비대칭 손잡이를 가진 가위

무게 중심을 비대칭으로 만들어 혼자 서 있는 칫솔

생각 천재가 되는 발명 공식 20

07 곡선으로 만들기

- 직선을 곡선으로 바꾼다.
- 직선 운동을 회전 운동으로 바꾼다.

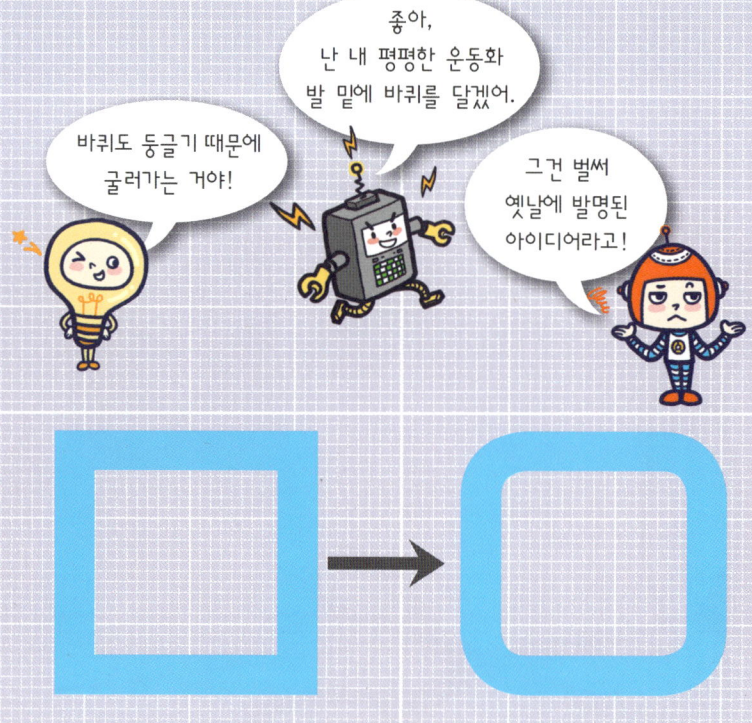

07. 곡선으로 만들기

주니어 트리즈의 일곱 번째 발명 공식은 '곡선으로 만들기'입니다. 직선을 곡선으로 바꾸거나 직선 운동을 곡선 운동으로 바꾸는 겁니다.

처음 자동차가 세상에 나왔을 때는 지금처럼 날씬한 물고기 모양의 디자인이 아니었습니다. 네모난 상자 형태의 직선형 자동차였지요. 그런데 이 직선형 자동차들은 앞이 뭉툭한 만큼 공기의 저항을 많이 받아서 빠른 속도를 내기가 힘들었습니다. 또 저항을 받는 만큼 더 많은 연료가 소모되었습니다.

공기와의 마찰을 줄이기 위해 자동차 디자이너들은 자동차의 앞부분은 둥글게 만들고, 뒤쪽으로 갈수록 뾰족해지는 유선형으로 설계하기 시작했습니다. 요즘의 자동차들은 대부분 공기 저항을 줄일 수 있도록 부드러운 곡선 형태로 만들어집니다. 그럼으로써 바람을 가르며 잘 나아갈 수 있고, 연료 소모도 줄일 수 있게 되었지요.

이번에는 육상 경기를 하는 운동장의 모습을 한번 떠올려 보세요. 육

왼쪽부터 직선형 자동차와 유선형 자동차.

상 경기의 종류는 매우 많은데, 100미터나 200미터 같은 비교적 짧은 거리의 경기도 있지만 1,000미터나 1,600미터 같은 장거리 경기도 있습니다. 하지만 이런 장거리 경기를 위해 경기장을 무한정 크고 길게 지을 수는 없습니다.

그래서 등장한 것이 곡선형 트랙입니다. 선수들이 달리는 트랙을 직선이 아닌 곡선으로 만드는 것이지요. 트랙을 곡선으로 만들어 돌게 하면 직선으로 만드는 것보다 훨씬 공간이 절약됩니다.

이번에는 직선 운동을 곡선 운동으로 바꾼 사례를 살펴볼까요?

보통의 문은 밀고 당겨서 여는 직선 운동을 합니다. 그런데 이런 문은 밀고 당기는 방향을 혼동하거나, 나오는 사람과 들어오는 사람이 부딪치는 경우가 많았습니다. 또 문을 열고 닫을 때, 건물 내의 냉방이나 난방의 효과가 밖으로 빠져나가는 단점이 있었습니다. 문을 아예 닫지 않는 사람들도 있어서, 건물의 냉난방비가 많이 소모되었지요.

곡선 운동을 하는 회전문

곡선형 트랙을 설치한 경기장

07. 곡선으로 만들기

그런데 문의 직선 운동을 곡선 운동으로 바꿔 주는 회전문을 설치하자, 사람들은 더 이상 부딪치지 않았습니다. 문이 한 방향으로만 회전하기 때문이지요. 게다가 문이 항상 닫혀 있는 구조가 유지되어 냉난방비가 20퍼센트나 줄어드는 효과를 가져왔답니다.

이렇게 트리즈 발명 공식의 원리를 잘 사용해 새로운 발명품을 만들면 생활의 편리함과 함께 경제적인 이득도 얻을 수 있습니다.

생각 천재가 되는 발명 공식 20

08 일부를 다르게 하기

- 모든 부분이 같을 필요는 없다.
- 전체 중에 일부분은 다르게 만든다.

08. 일부를 다르게 하기

　옛날에는 무릎 부분에 헝겊이 덧대어진 바지를 입은 아이들이 많았습니다. 밖에서 뛰어놀다가 넘어지거나, 무릎을 꿇는 등 바닥에 자주 부딪치면서 바지의 무릎 부분이 곧잘 해졌기 때문이지요. 옷을 자주 사 줄 수 없었던 어머니들은 아이에게 오랫동안 옷을 입히기 위해 무릎 부분에 헝겊을 꿰매 주었습니다. 요즘에는 아기들의 무릎이 다치는 것을 막기 위해, 아예 처음부터 무릎 부위를 푹신하게 만들기도 합니다.

　옷의 모든 부분이 동일한 품질을 가질 필요는 없습니다. 잘 해지는 부위는 튼튼함을 중심으로, 어떤 부분은 멋을 중심으로 다른 재질의 옷감을 쓸 수 있습니다. 이것이 주니어 트리즈 발명 공식의 여덟 번째 원리, '일부를 다르게 하기'입니다.

　푹신한 에어쿠션이 들어간 운동화는 충격이 많이 가해지는 발뒤꿈치 부분에 공기를 넣어 충격을 흡수할 수 있도록 만들어졌습니다. 또 어깨에 메는 가방도 어깨와 닿는 부분에는 더 푹신한 재질로 된 가죽이나 천

무릎 덧댄 바지

어깨에 닿는 부분이
더 푹신하게 만들어진 가방

발뒤꿈치가 더 푹신한 재질로
만들어진 에어쿠션 운동화

이 사용됩니다. 이런 것들도 필요한 곳에만 부분적으로 품질을 다르게 만드는 사례입니다.

여러분은 길을 다니다가 다른 곳과는 다른 색깔과 질감의 보도블록이 깔려 있는 곳을 자주 보았을 것입니다. 왜 여기에만 노란색의 울퉁불퉁한 보도블록을 깔아 놓았을까 궁금했던 적이 있나요?

이것은 시각 장애인들이 발에 느껴지는 감촉이나, 지팡이를 가져다 대었을 때의 느낌으로 길의 방향을 알 수 있도록 올록볼록하게 별도의 모양으로 만든 것입니다.

요즘은 휴대폰의 시계 기능 덕분에 손목시계를 차고 다니는 사람이 많이 줄었지만, 어른들에게는 손목시계가 여전히 필수품 중 하나입니다. 손목시계 중에는 날짜가 표시되는 시계도 있는데, 시계의 주요 기능이 시간을 알려 주는 것이다 보니 날짜가 표시된 부분은 아주 작습니다. 이 작은 글씨를 잘 보이게 하기 위해 어떤 방법을 사용했을까요? 바

올록볼록하게 만들어 시각 장애인들의 편의를 돕는 보도블록

지우개 달린 연필일까, 연필 달린 지우개일까?

08. 일부를 다르게 하기

로 날짜 부분만 다른 부분과 달리 돋보기 처리를 함으로써 문제를 해결했지요.

그 밖에도 여러분이 많이 사용하는 지우개 달린 연필, 추위를 타는 사람들을 위한 지하철 약냉방칸 등도 '일부를 다르게 하기'를 적용해 많은 사람들에게 편리함을 제공해 주고 있는 것들이랍니다.

생각보다 우리 주변에서 일부만 다른 것들이 많다는 사실을 알 수 있죠? 여러분도 일부만 다르게 만든 것에 무엇이 있는지 한번 찾아보도록 해요.

돋보기 처리

난 찾았어! 지하철의 노약자석도 일부를 다르게 바꾼 거야.

그럼, 장애인 전용 주차장도 되겠네.

혹시 지각생들이 몰래 들어가는 우리학교 개구멍도 포함되나?

09 색깔 바꾸기

- 물체의 색깔을 바꾸기
- 투명도를 바꾸기
- 발견하거나 관찰하기 어려운 것을 관찰하기 위하여 염색하기

09. 색깔 바꾸기

　주니어 트리즈 발명 공식의 아홉 번째 원리는 '색깔 바꾸기'입니다. 물체의 일부 또는 전체의 색깔을 바꾸거나, 투명한 것을 불투명하게 바꾸거나, 관찰하기 어려운 것을 관찰하기 위해 염색을 하는 방법이지요.

　칫솔은 오래 사용하면 칫솔모가 상해서 이가 잘 닦이지 않을뿐더러, 잇몸을 상하게 할 수도 있습니다. 그래서 칫솔을 주기적으로 교체해 주어야 하는데, 대부분의 사람들은 언제쯤 칫솔을 교체해야 하는지를 잘 모릅니다. 그래서 발명된 것이 일부분에만 염색 처리를 한 인디케이터 칫솔입니다.

　인디케이터 칫솔의 가운데 부분은 파란색으로 특수 염색 처리가 되어 있습니다. 칫솔을 오래 사용하면 이 파랗게 염색된 부분이 하얗게 변하는데, 그 색깔 변화를 통해 칫솔의 교환 시기를 눈으로 쉽게 확인할 수 있습니다. 색깔 바꾸기라는 작은 아이디어에서 편리함을 찾아낸 좋은 예이지요.

물 온도에 따라 자동으로 색깔이 바뀌는 샤워기

색 변화로 칫솔 교환 시기를 알 수 있는 인디케이터 칫솔

시곗바늘과 숫자 부분에만 야광 물질을 칠한 야광 시계는 부분적으로 색깔을 바꿈으로써 밤에도 시간을 잘 볼 수 있게 만든 발명품입니다. 또 빛으로 물의 온도를 알려 주는 샤워기도 있습니다. 물의 온도에 따라 샤워기 머리 부분에 장착된 엘이디(LED) 조명의 색이 변하는 제품이지요. 샤워 꼭지에서 나오는 불빛의 색깔만으로도 물의 온도를 짐작할 수 있어, 샤워할 때 매우 편리합니다.

투명한 것을 불투명하게, 또는 불투명한 것을 투명하게 바꾸는 것도 색깔 바꾸기에 해당됩니다. 밖에서 자동차 내부를 잘 볼 수 없도록 하고 햇빛으로부터 차 내부를 가리는 선팅 유리, 자외선을 차단하는 안경인 선글라스 등이 바로 투명도를 조절하는 사례입니다.

관찰하기 어려운 물질에 색깔을 입혀 좀 더 쉽게 관찰하게 만든 경우도 있습니다. 염색체 염색법이 바로 그것이지요. 염색체란 우리 몸의 유전 정보를 가지고 있는 물질인데 염색체는 너무 작아 현미경으로도

야광 시계

투명도를 조절한 선글라스

관찰하기가 어려웠습니다. 그래서 염색 물질을 빨아들이게 해 염색한 상태에서 현미경으로 들여다보니 세포 분열을 하는 과정을 잘 관찰할 수 있었답니다. 이런 이유로 염색체라는 이름이 붙게 되었다고 합니다.

'색깔을 바꾸는 게 무슨 발명이야?'라고 생각하는 사람도 있을지 모릅니다. 하지만 제품의 색깔을 바꿈으로써 상품의 가치가 올라가거나, 더 유용한 제품을 발명하게 된 경우가 꽤 많답니다.

관찰을 쉽게 하기 위해 염색체에 염색을 했다.

10 속성 바꾸기

- 물질의 상태를 기체, 액체, 고체로 바꿀 때 부피가 변화하거나 열을 흡수·발산하는 등의 성질을 이용한다.
- 크기, 밀도, 유연성, 온도와 같은 속성을 변화시킨다.
- 오프라인을 온라인화한다.

10. 속성 바꾸기

주니어 트리즈 발명 공식의 열 번째 원리는 '속성 바꾸기'입니다. 속성 바꾸기는 사물의 온도, 크기, 밀도, 유연성 같은 여러 속성들을 바꾸는 것을 말합니다.

특히 모든 물질은 온도를 높이거나 낮추면 기체·액체·고체로 사물의 상태가 변화하는데, 이 상태 변화를 이용하는 것입니다. 상태가 변화할 때 물질의 부피가 달라지거나, 열을 흡수·발산하는 등의 여러 성질을 이용하기도 합니다. 또 농도나 밀도를 변화시키는 것, 유연성의 정도를 변화시키는 것도 속성 바꾸기에 해당됩니다.

잠수부들이 물속으로 잠수를 할 때, 등에 산소통을 메고 들어가 산소를 들이마셔서 호흡합니다. 그러나 잠수부들이 메고 들어가는 산소통에는 우리가 숨 쉴 때 들이마시는 기체 산소가 들어 있는 것이 아니라, 액체로 된 산소가 들어 있습니다. 왜냐고요?

기체 산소는 부피가 너무 크기 때문에, 기체 상태로 산소통에 담으면

기체는 가열하면 밀도가 낮아져 공기 중으로 열기구를 들어 올린다.

잠수부는 액체 산소통을 메고 잠수를 한다.

아주 적은 양만 담을 수 있기 때문입니다. 또 기체의 부력 때문에 잠수부가 잠수하는 데도 불편하지요. 액체 산소는 같은 크기의 산소통에 기체 산소보다 더 많은 양을 담아 오랫동안 사용할 수 있습니다.

하늘을 나는 열기구를 알고 있지요? 이 열기구는 풍선 속의 공기를 가열하여, 공기의 부피를 증가시킵니다. 이때 가열된 공기는 부피가 더 커지고, 밀도는 낮아져 공중에 뜨게 됩니다. 기체의 온도에 따른 속성 변화를 이용한 사례이지요.

우리가 쓰는 비누는 보통 고체입니다. 그런데 이 비누를 액체로 만들면 어떨까요? 손을 씻을 때 고체 비누보다는 액체 비누가 거품 내기도 쉽고 잘 헹궈집니다. 또 세탁기에 빨래를 할 때도 액체 세제를 쓰면 물에 잘 녹고 잘 헹궈져 옷감에도 남지 않습니다. 고체를 액체로 바꿈으로써 많은 이점이 생겨난 것입니다.

종이로 된 책을 전자책(E-Book)으로 바꾸거나 장보기를 인터넷 쇼

컴퓨터나 스마트 폰으로 볼 수 있는 전자책

물에 잘 녹는 액체 비누

핑으로 대신하는 것 역시 속성 바꾸기 원리에 포함됩니다.

'책은 꼭 종이로 만들어야만 할까?'

'다른 방법으로 책을 만들 수는 없을까?'

이런 놀라운 발상 덕분에 휴대가 간편하고 저장 용량이 큰 전자책이 만들어질 수 있었습니다.

또 인터넷 쇼핑은 어떤가요? 인터넷이 발달하면서 우리는 집 안에 앉아 운동 경기나 각종 공연 티켓을 예매하고, 백화점이나 시장에 가지 않고도 클릭 한 번으로 물건을 살 수 있게 되었습니다. 이것 역시 '직접'이라는 속성을 '간접'이라는 속성으로 바꿈으로써 시간과 공간의 제약을 없앤 놀라운 발명품이지요.

오프라인(직접 대면하는 것)이 온라인(인터넷을 이용하는 것)으로 바뀌면서 우리의 생활은 더욱 편리해졌고, 이러한 변화는 우리의 삶을 가장 크게 바꾸어 놓은 변화 중 한 가지가 되었답니다.

생각 천재가 되는 발명 공식 20

11 방향 바꾸기

- 위아래, 앞뒤의 방향을 바꾼다.
- 가로를 세로로, 세로를 가로로 바꾼다.
- 방향을 다르게 하거나 기울여 본다.

11. 방향 바꾸기

 이번에 살펴볼 발명 공식은 '방향 바꾸기'입니다. 어떤 물체의 위와 아래, 앞과 뒤, 가로와 세로의 방향을 바꾸어 봅시다. 움직이는 방향도 바꾸어 봅시다. 앞으로 가는 것을 뒤로 가게 하고, 물체를 앞뒤로 뒤집어 보기도 하고요. 그러면 어떤 변화가 일어날까요?

 높은 계단을 올라가려면 누구나 힘이 듭니다.

 '나는 움직이지 않고, 계단이 움직일 수는 없을까?'

 누구나 계단은 사람이 걸어 올라가는 것이라고 생각합니다. 하지만, 사람이 아니라 계단이 움직인다는 생각을 하면 어떻게 될까요? 이런 참신한 발상 끝에 탄생한 것이 바로 에스컬레이터입니다.

 좁은 실내에서도 달리기 연습을 하고 싶습니다. 달리려면 넓거나 긴 공간이 필요한데, 좁은 공간에서도 뛸 수 있으려면 어떻게 해야 할까요? 나는 열심히 뛰지만 항상 제자리에 있다면, 사람이 뛰는 방향과 반대 방향으로 땅바닥이 움직인다면 어떨까요? 바로 여러분이 잘 아는 러

에스컬레이터

러닝머신

87

닝머신입니다. 이것 역시 '방향 바꾸기' 원리가 적용된 발명품이지요.

보통 전기 프라이팬을 뜨겁게 달구는 열선은 아래쪽인 프라이팬 바닥에 있습니다. 하지만 반대로 위쪽인 뚜껑에 열선이 있다면요? 위쪽 부분이 먼저 익게 되겠지요. 그렇다면 열선을 바닥에도 만들고, 뚜껑에도 만들면 어떻게 될까요?

"아하! 프라이팬의 음식을 뒤집지 않아도 되겠구나."

"위아래에서 함께 익히니 음식도 더 빨리 요리되겠는걸?"

방향 바꾸기의 예는 또 있습니다. 화장품이나 샴푸 같은 튜브형 보관 용기에 담긴 제품의 경우, 마지막까지 사용하려면 힘주어 튜브를 짜내거나 잡고 흔드는 등 끝까지 사용하는 데 어려움이 많았습니다.

이러한 문제점을 해결하기 위해, 요즘에 나오는 화장품이나 샴푸 등은 용기를 거꾸로 세워 보관하도록 만들어진 경우가 많습니다.

덤프트럭은 흙이나 모래와 같은 것들을 운반하는 트럭입니다. 이 트

거꾸로 보관해 마지막까지 사용하기 편리한 튜브형 제품

뚜껑과 바닥에 모두 열선이 있는 전기 그릴

11. 방향 바꾸기

럭에서 흙이나 모래를 내릴 때는 트럭의 뒷부분이 세로로 기울어집니다. 가로 방향으로 물건을 내리는 보통의 트럭들과 달리, 짐을 싣는 공간을 세로로 들어 올려 중력의 힘으로 흙이 쏟아지도록 하는 것이지요.

세로로 짐받이를 들어 올리는 덤프트럭

　가로와 세로의 방향을 바꾸는 것만으로 힘들이지 않고 짐을 내릴 수 있도록 한 탁월한 발명품입니다.

와, 정말 머리 좋다. 이러면 굳이 사람이 짐을 안 내려도 되겠다.

그러게 말이야. 누가 빵을 저렇게 와르르 쏟아 주면 정말 좋을 텐데!

생각 천재가 되는 발명 공식 20

12 자유롭게 움직이게 하기

- 움직이지 않는 부분을 움직이게 한다.
- 더 자유롭게 움직이게 한다.

비행기는 땅에서 이륙하거나 착륙할 때, 활주로 위를 구르기 위해 바퀴가 필요합니다. 그러나 하늘을 날 때 이 바퀴는 비행에 방해가 됩니다. 바퀴가 있어야 하지만, 한편으로는 바퀴가 없어야 하는 비행기의 모순. 이 문제는 주니어 트리즈 발명 공식의 열두 번째 원리 '자유롭게 움직이게 하기'로 해결될 수 있었습니다.

처음 비행기가 만들어졌을 때, 바퀴는 비행기 몸체에 고정되어 있었습니다. 하지만 하늘을 날 때 이 바퀴는 불필요할 뿐만 아니라 여러 가지 해로운 점을 발생시켰습니다.

비행기가 빠른 속도로 하늘을 날 때 거추장스러운 비행기 바퀴는 공기와 부딪쳐 비행기의 속도를 20퍼센트 가량 저하시켰고, 공기와의 마찰 때문에 연료가 더 소모되었습니다. 사람들은 이 문제를 해결하기 위해서, 오랫동안 공기 저항을 덜 받는 비행기 바퀴 덮개를 만드는 데만 매달렸습니다.

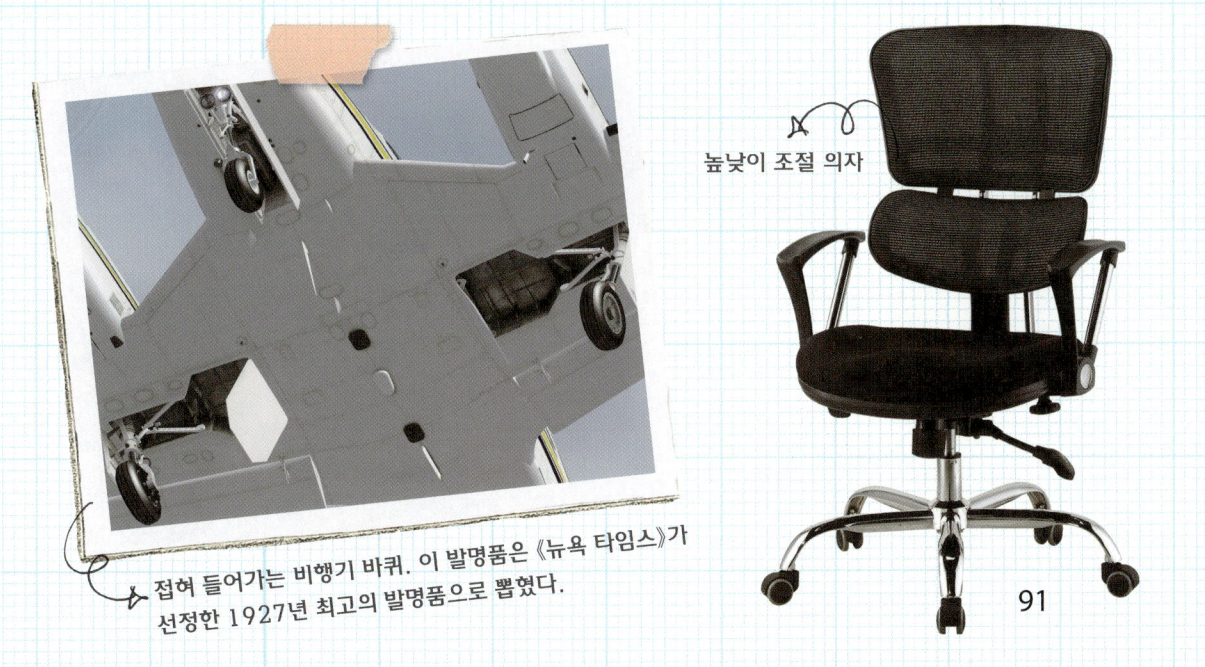

접혀 들어가는 비행기 바퀴. 이 발명품은 《뉴욕 타임스》가 선정한 1927년 최고의 발명품으로 뽑혔다.

높낮이 조절 의자

땅에서 떠오르거나 땅으로 내릴 때는 바퀴가 있고, 하늘을 날 때는 바퀴를 접어 비행기 안으로 집어넣는 접이식 비행기 바퀴는 25년이 지난 후에나 발명되었지요. 세상에! 바퀴를 비행기 몸 안으로 접어 넣으면 되는데, 왜 사람들은 25년 동안이나 그 생각을 하지 못했을까요?

요즘 의자들 중에는 높낮이를 조절하거나, 등받이를 뒤로 젖힐 수 있는 것들이 많습니다. 다리가 긴 사람과 짧은 사람이 있고, 공부를 할 때와 등을 뒤로 젖혀 휴식을 취할 때의 자세가 다른데, 고정된 의자는 그런 부분이 자유롭지 못합니다. 이 불편함은 높이나 등받이를 몸에 맞게 조절할 수 있는 의자가 만들어지면서 해결될 수 있었지요.

노트북이나 휴대폰을 접어서 가지고 다닐 수 있다면 어떨까요? 공상 과학 영화에나 나올 법한 이런 제품들이 곧 우리 곁으로 올 준비를 하고 있습니다. 단단하게 고정되어 있던 화면을 자유롭게 휘어지게 하는 '플렉서블 디스플레이' 기술이 벌써 선을 보였다고 하니, 노트북이나 휴대

재료가 유연하여 접거나 말 수 있는 휴대폰

움직이지 않던 부분에 주름을 넣어 편하게 사용할 수 있는 주름 빨대

용 전자 기기들을 접어서 주머니에 넣고 다닐 날도 머지않은 것 같군요.

또 여러분이 음료수를 마실 때 사용하는 구부러지는 빨대도 '자유롭게 움직이게 하기'를 이용한 발명품입니다. 이 빨대는 몸이 아픈 아들이 음료수를 마시느라 힘들어하는 모습을 보고, 한 어머니가 발명해 낸 것이랍니다. 가족에 대한 사랑으로 작은 아이디어 하나가 깜짝 놀랄 만한 발명품으로 탄생된 것입니다. 아무리 훌륭하고 거창한 발명도 이렇게 작은 아이디어에서 시작된다는 걸 잊지 마세요.

발명 이야기

눈물 겨운 모정이 만든 빨대

일본 요코하마에 살던 어느 어머니가 병원에 입원한 아이의 병간호를 하고 있었습니다.

어느 날, 어머니는 아이에게 우유를 먹이려고 우유 팩에 빨대를 꽂아 주었습니다. 하지만 아이는 빨대로 우유를 마시려고 몸을 일으켜 세우는 것조차 힘들어했지요.

이 모습을 지켜보던 어머니는 너무나 안타까웠습니다.

'어떻게 하면 우리 아이가 편하게 누워서 우유를 마실 수 있을까?'

어머니는 그날부터 몸이 불편한 아이가 음료수를 쉽게 마시게 하기 위해 여러 가지 방법을 연구하기 시작했습니다.

고민을 거듭하던 어느 날, 어머니에게 갑자기 좋은 생각이 떠올랐습니다.

'내가 왜 아이의 몸을 일으키려고 애를 썼을까? 사람이 몸을 굽히지 못하니까 빨대가 굽혀지면 되지!'

어머니는 무릎을 탁 쳤습니다.

이렇게 탄생한 것이 요즘 우리가 흔히 보는 주름 빨대입니다.

13 공중 부양

- 중력에 반해 물체를 공중으로 띄운다.
- 물체의 무게를 줄이기 위해서 기체나 액체, 자석 등의 힘을 이용한다.

우리가 사는 지구에는 중력이 존재합니다. 중력은 지상의 모든 물체를 지구로 끌어당기는 힘이지요. 과학자 뉴턴이 사과가 떨어지는 것을 보고 중력을 발견했다는 일화는 널리 알려진 이야기입니다.

주니어 트리즈 발명 공식의 열세 번째 원리인 '공중 부양'은 중력에 반해, 공중이나 물 위로 물체를 띄움으로써 문제를 해결하는 발명 기법입니다. 공중 부양을 하기 위해서는 지구의 중력 방향과 반대로 작용하는 다른 힘들이 필요합니다. 예를 들어 자석이나 기체, 액체의 힘을 이용하는 것이지요.

자기 부상 열차에 대해 들어 본 적이 있나요? 자석은 같은 극끼리 서로 밀어내려는 성질이 있습니다. 열차 바닥과 선로를 같은 극의 자석으로 만들어, 서로 밀어내는 힘을 이용해 열차를 레일 위로 공중 부양시킨 발명품이 자기 부상 열차입니다.

일반적인 열차는 레일 위를 바퀴로 굴러서 움직입니다. 이때 열차의 바퀴와 철도의 레일 사이에 마찰이 발생하는데, 마찰 때문에 속도가 많이 나지 못하고, 그 마찰을 극복하기 위해 더 많은 연료가 소모됩니다. 그러나 자기 부상 열차는 자석의 힘으로 열차를 공중 위에 띄우므로 레일과 마찰이 발생하지 않습니다. 그래서 적은 연료로도 엄청난

자기 부상 열차는 레일 위를 떠서 달린다.

속도를 낼 수 있지요.

자석의 힘을 이용해 물체를 공중으로 띄우는 제품도 있습니다. 공중 부양 지구본을 본 적이 있나요? 이것 역시 자기 부상 열차와 비슷한 원리로 만들어진 제품이랍니다.

멀리서도 광고를 볼 수 있도록 하늘 높이 띄운 애드벌룬도 공중 부양의 원리를 이용했습니다. 애드벌룬의 풍선에는 공기보다 가벼운 헬륨 가스가 들어 있습니다. 이 헬륨 가스가 하늘로 떠오르는 힘을 이용하여 애드벌룬을 하늘 높이 띄울 수 있습니다.

그런가 하면 물에 가라앉지 않는 국자도 공중 부양의 원리로 만들어진 발명품입니다. 국자는 원래 쇠, 나무, 플라스틱 등으로 만들어져 무겁기 때문에 물속으로 가라앉지요. 하지만 공기 주머니를 달아 부력으로 물에 뜰 수 있게 만든 국자가 개발되면서 그런 문제점이 해결될 수 있었답니다.

생각 천재가 되는 발명 공식 20

14 높이 맞추기

- 물체를 들어 올리거나 내릴 필요가 없도록 작업 조건을 바꾼다.
- 물체를 들어 올리거나 내릴 필요가 없도록 높이를 맞추어 둔다.

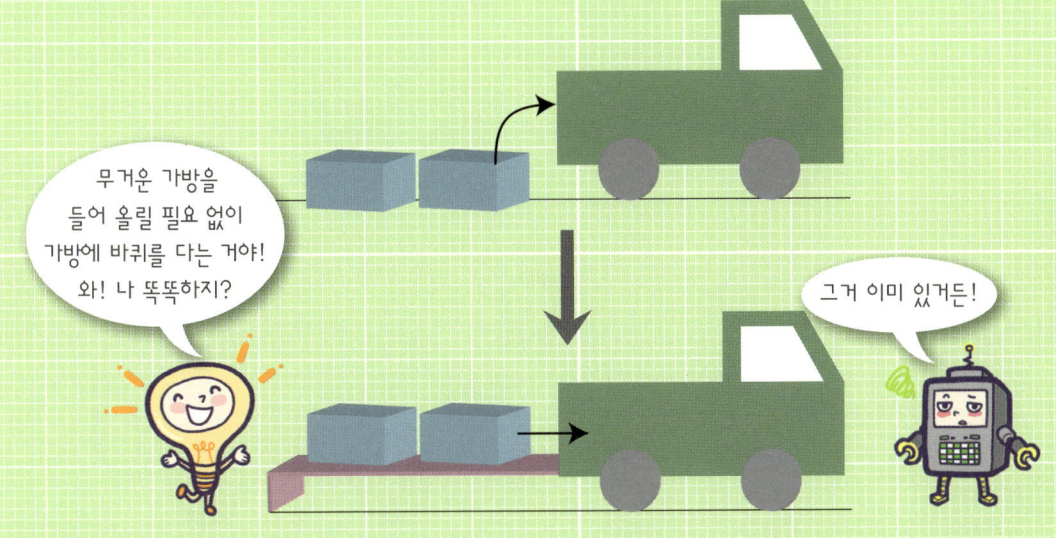

14. 높이 맞추기

저상 버스는 휠체어를 들지 않아도 굴려서 탈 수 있다.

이번에 살펴볼 발명 공식은 '높이 맞추기'입니다. 물체를 들어 올릴 필요 없이 높이를 맞추거나, 높이에 맞게 작업 조건을 맞추는 것을 뜻합니다.

우리가 평소 타고 다니는 버스는 오르내릴 때 계단을 이용해야 합니다. 그래서 휠체어를 탄 사람들은 버스를 타기가 무척 불편했지요.

그러나 최근에는 '저상 버스'라고 하는, 계단이 없고 버스 바닥과 지면의 거리가 매우 짧은 버스가 도입되었습니다. 이 저상 버스는 휠체어를 따로 들어 올리지 않더라도 휠체어를 탄 채 바퀴를 굴려 올라갈 수

높이를 맞춰 주면 짐을 싣기가 편해져.

있어, 다리가 불편한 교통 약자들에게 큰 도움이 됩니다. 바로 '높이 맞추기'의 좋은 예이지요.

매일매일 계속해서 트럭에 짐을 실어야 하는 작업장의 경우, 사람이 매번 짐을 들어서 트럭에 올리는 것이 효율적일까요? 작업장의 구조를 아래 왼쪽 그림과 같이 바꾼다면 짐을 들어서 올리지 않고 간단히 밀어서 트럭에 실을 수 있습니다. 이처럼 물체를 들어 올리는 대신 주변 높이를 맞추어 주면 작업이 매우 편리해집니다.

왼쪽 경우가 짐을 이동 수단(트럭)의 위치에 맞춘 것이라면, 오른쪽 지게차는 짐이 있는 위치로 이동 수단(들것)의 위치를 맞춘 것입니다. 지게차는 차 앞에 쇠로 만든 막대기가 돌출되어 있습니다. 이 쇠막대기를 짐 밑에 밀어 넣어 기계의 힘으로 들어 올리지요. 앞의 트럭과는 반대 방식이지만, 두 가지 모두 높이 맞추기 원리가 적용된 예입니다.

높이 맞추기의 또 다른 대표적 사례는 미용실 의자입니다.

사람이 힘들게 들어 올릴 필요가 없네?

지게차는 짐의 위치로 들것의 높이를 맞추어 준다.

미용실 의자는 손쉽게 높낮이를 조절할 수 있어서, 미용사와 손님의 머리 높이를 맞추어 편하게 머리를 자를 수 있게 도와줍니다.

또, 자동차 정비소에 가 본 적 있나요? 자동차는 아랫면이 땅과 아주 가깝기 때문에 정비를 하려면 사람이 자동차 밑으로 힘들게 들어가야 합니다. 이런 불편을 없애기 위해 자동차 정비소에서는 기계를 이용해 자동차를 위로 높이 들어 올린 다음 정비를 합니다. 사람의 키에 자동차의 높이를 맞춘 것이지요. 자동차 시트의 높이를 조절하거나 핸들의 높이와 각도를 조절할 수 있게 만든 것도 운전자의 편의성을 높이기 위한 부단한 노력 끝에 탄생한 발명품입니다.

미용에 용이하도록 손님의 머리 높이를 조절해 주는 의자

자동차를 들어 올려 주는 장비 덕분에 이제는 사람이 차 밑으로 수고스럽게 기어들어 가지 않아도 된다.

미리 준비하기

- 물체에 필요한 변화를 미리 가해 둔다.
- 미리 비상수단을 준비하여 만일의 사태에 대비한다.
- 미리 반대되는 조치를 취해 둔다.

15. 미리 준비하기

미리미리 준비해 두면 편한 것들이 많습니다. 학교에 들고 갈 준비물을 미리 챙겨 놓으면 아침 시간에 여유가 생기고, 내일 학교에서 배울 내용을 미리 예습해 가면 수업 내용이 귀에 쏙쏙 들어오지요.

배에는 구명조끼와 구명보트가 실려 있습니다. 배가 사고가 났을 때를 대비해 미리 준비해 둔 것이지요. 이러한 '미리 준비하기'는 주니어 트리즈 발명 공식의 원리에도 있습니다. 물체에 미리 필요한 변화를 주거나, 미리 비상수단을 준비해 만일의 사태에 대비하는 방법입니다.

여러분이 좋아하는 스티커는 종이에 미리 풀칠이 되어 있어서, 어디나 손쉽게 바로 붙일 수 있도록 준비되어 있는 제품입니다. 커터 칼이나 두루마리 화장지는 조그만 단위로 나누기 쉽도록 미리 홈을 만들어 두었습니다. 그래서 다른 도구 없이도 쉽게 칼날을 부러뜨리거나 화장지를 깔끔하게 끊을 수 있지요.

컴퓨터 바이러스 백신이나, 독감 혹은 뇌염 같은 예방 주사에도 미리

에어백은 사고로부터 탑승자를 보호하기 위해 준비된 보호 장치이다.

커터 칼은 쉽게 나눌 수 있도록 홈을 미리 만들어 두었다.

준비하기의 원리가 적용되어 있습니다. 또, 컵라면에는 필요한 만큼만 알맞게 물을 붓도록 용기 안쪽에 표시선을 새겨 놓았지요. 이것 역시 라면을 맛있게 익히기 위해 미리 준비해 둔 것입니다. 자동차의 에어백도 사고에 대비해, 운전자와 탑승자를 보호하기 위해 준비한 장치입니다.

철도 레일의 경우, 더운 여름에 레일의 쇠가 늘어나서 휘어지지 않도록 레일의 중간중간을 미리 1센티미터쯤 끊어 놓습니다. 기차를 타면 주기적으로 덜커덩거리는 흔들림과 소음이 발생하는데, 기차가 이 이음 공간을 지날 때마다 나타나는 흔들림이랍니다. 만일 이 이음 공간이 없어서 철도 레일이 휘어진다면, 큰 사고가 일어날 수도 있답니다.

우표에도 '미리 준비하기' 원리가 숨어 있습니다. 한 가지가 아니라 두 가지나 숨어 있는데, 과연 무엇일까요?

바로 앞서 살펴본 스티커처럼 우표의 뒷면에는 미리 풀칠이 되어 있어서, 따로 풀칠을 하지 않아도 물만 묻히면 바로 우표를 붙일 수 있답

레일의 구부러짐을 막기 위해 이음새마다 약간의 간격을 둔 철로

뜯어내기 쉽게 미리 홈이 파여 있고 봉투에 붙이기 쉽게 미리 풀칠이 된 우표

니다. 나머지 하나는 우표들 사이에 미리 촘촘하게 홈이 뚫려 있어 쉽게 우표를 분리할 수 있다는 점입니다. 이것 역시 앞에서 본 커터 칼이나 두루마리 화장지의 원리처럼 분리하기 쉽게 장치한 '미리 준비하기' 방법입니다.

발명 이야기

커터 칼을 만든 한 젊은이의 지혜

일본에 살던 오노라는 젊은이는 회사에서 종이를 자르는 단순 작업을 맡은 말단 사원이었습니다.

칼로 종이를 계속 자르다 보니 조금만 일을 해도 칼날이 쉽게 무뎌졌습니다. 주문은 계속 들어오고 잘라야 할 종이는 산더미인데, 번번이 칼이 말을 안 들어 고생을 했습니다. 그래서 오노는 무뎌진 칼날을 강제로 부러뜨리면 어떨까 하는 생각을 했습니다.

'칼날을 조금씩 잘라 칼날을 날카롭게 만들 수 있다면, 작업이 훨씬 쉬워질 텐데……'

그러던 어느 날, 오노는 우연히 우표를 보게 되었습니다. 우표와 우표 사이에는 촘촘하고 작은 구멍이 뚫려 있어 손쉽게 우표를 뜯어 낼 수 있었습니다. 오노는 이걸 보고 좋은 아이디어를 생각해 냈습니다.

'아, 칼날에도 우표처럼 쉽게 잘라질 수 있도록 미리 자름선을 준비해 두어야겠다!'

오노가 한 발명에 대해 오노의 회사는 큰 상을 주었고, 그 칼날은 오늘날의 커터 칼이 되었습니다.

중간 매개물

- 어떠한 일을 도와주는 중간의 사물
- 쉽게 제거할 수 있는 물건을 임시로 연결하여 이용한다.

16. 중간 매개물

주니어 트리즈의 발명 공식의 열여섯 번째 원리는 '중간 매개물'입니다.

말이 좀 어렵다고요? 그런데 그 뜻을 알고 나면 그리 어려운 것도 아니랍니다. '어떠한 일을 도와주는 중간의 사물'이라는 뜻이지요. 임시로 쉽게 제거할 수 있는 물건을 연결하여 어떤 일에 도움을 주는 방법을 말합니다.

가까운 예를 하나 들어 볼까요? 마트에 가면 쇼핑 카트가 있습니다. 요즘은 동전을 넣어야 쇼핑 카트를 사용할 수 있습니다. 하지만 예전에는 동전을 넣는 곳이 없었고, 쇼핑 카트끼리 자물쇠로 묶여 있지도 않았습니다. 마음대로 분리해서 사용하고, 다시 원위치에 가져다 놓으면 되었지요. 하지만 그러다 보니 귀찮은 것을 싫어하는 사람들은 아무 곳에나 카트를 버려두고 가는 경우가 많았습니다. 마트에서는 쇼핑 카트를 다시 정리하기 위해 별도의 사람을 고용해야 했고요.

이 문제를 해결하기 위해, 마트에서는 쇼핑 카트에 동전을 넣어야만 사

동전을 넣어야 분리되는 쇼핑 카트

용할 수 있고, 다 쓴 후에는 다시 다른 쇼핑 카트와 연결을 해야 동전을 빼낼 수 있도록 쇼핑 카트의 구조를 변경했습니다. 그러자 사람들은 동전을 다시 돌려받기 위해 쇼핑 카트를 제자리에 정리하기 시작했고, 쇼핑 카트가 아무 데나 방치되는 무질서가 사라지게 되었습니다.

여기서 쇼핑 카트에 넣는 동전이 바로 중간 매개물의 역할을 하는 것입니다. 이처럼 중간 매개물이란 어떤 일이 잘 되도록 도와주는 중간의 사물이며, 중간 매개물은 다 사용한 뒤에는 원래의 물건으로부터 쉽게 분리되거나 제거할 수 있어야 합니다.

망치질을 할 때 망치를 잘못 때려 손을 다치는 경우가 있습니다. 이걸 방지하기 위해, 아래 그림과 같이 하면 어떨까요? 이때, 나무젓가락은 못을 위험하지 않게 박을 수 있도록 도와주는 중간 매개물입니다.

주둥이가 작은 물병에 물을 담을 때는 깔때기를 사용합니다. 물을 쉽

나무젓가락을 중간 매개물로 이용하면 안전하게 못을 박을 수 있다.

게 담을 수 있게 중간에서 도와주는 깔때기 역시 중간 매개물입니다.

가루약은 먹기가 불편합니다. 맛도 써서 약을 먹기가 고역이지요. 그래서 위에서 잘 녹는 성분으로 캡슐을 만들어 그 안에 가루약을 넣은 제품들이 만들어졌습니다. 이 캡슐은 쓴 가루약을 안에 품고 있다가 일단 위 속으로 들어가면 소화액에 쉽게 녹아 버립니다. 그럼 캡슐 안에 있던 약이 그제야 비로소 흘러나와 몸으로 흡수되지요. 약을 쉽게 먹을 수 있도록 도와주고, 먹은 후에는 녹아서 제거됨으로써 약효가 발휘될 수 있도록 하는 캡슐도 훌륭한 중간 매개물이지요.

상품이 더 잘 활용될 수 있도록 도와주거나 동작이 잘 이루어질 수 있게 도와주는 중간 매개물은 주니어 트리즈의 훌륭한 발명 공식입니다.

모두 좀 더 사용하기 쉽게 만들어 주네.

깔때기

가루약 캡슐

발명 이야기

조선 시대의 최강 병기, 애기살

조선 시대에 우리나라에는 애기살이라고 불리는 화살이 있었습니다. 다른 말로는 편전이라고 하는데, 보통 화살에 비해 길이가 훨씬 짧은 화살입니다.

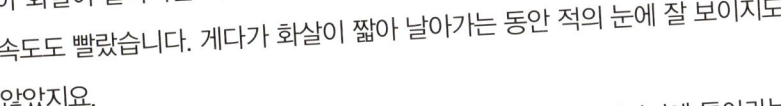

길이가 짧은 만큼 작고 가볍기 때문에 날아가는 동안 공기의 저항을 적게 받아 화살이 날아가는 거리가 길고 속도도 빨랐습니다. 게다가 화살이 짧아 날아가는 동안 적의 눈에 잘 보이지도 않았지요.

이 애기살은 길이가 짧아서 그냥 활에 끼워서는 쏠 수가 없었기에 통아라는 대나무 대롱에 넣어 쏘아야 했습니다. 애기살을 통아에 넣고 활시위를 당기면, 통아는 그대로 있고 애기살만 발사되지요. 이때 통아가 바로 중간 매개물입니다.

보통의 화살은 적군이 주워서 다시 사용할 수 있었지만, 애기살은 워낙 짧아 통아가 없이는 다시 쏠 수가 없었습니다.

애기살은 긴 사거리와 위력으로 적군을 떨게 한, 우리 조상들의 강력한 무기였답니다.

17 버리거나 재생하기

- 다 쓴 것은 버린다.
- 다 쓴 것을 다시 쓸 수 있도록 재생한다.

17. 버리거나 재생하기

2012년 12월, 우리나라는 한국 최초의 우주 발사체인 나로호를 지구 궤도에 쏘아 올렸습니다.

나로호 발사 과정을 보면, 1단계 로켓에 점화한 후 1단계 로켓에 담긴 연료가 다 소모되면 1단계 로켓을 분리해서 버립니다. 그 뒤 다시 2단계 로켓에 점화하고, 2단계 로켓에 담긴 연료까지 다 쓰고 나면 2단계 로켓도 분리해서 버립니다. 그러면 마지막으로 인공위성만 남아 지구 저궤도로 올라가게 됩니다.

즉 인공위성을 발사할 때 거대한 로켓을 하늘로 쏘아 올리지만, 그 로켓 중 아주 작은 일부분만 인공위성이며, 나머지 로켓은 연료를 다 사용하면 버려지는 것입니다.

그렇게 쏘아 올려진 인공위성이 오랜 시간이 지나 수명이 다하면 어떻게 될까요?

위성 분리 상상도

인공위성은 발사를 위한 연료와 장비를 가지고 출발하지만, 다시 돌아올 수 있는 어떠한 장치도 가지고 있지 않습니다. 그래서 수명이 다한 인공위성은 그대로 지구 저궤도에 버려지게 되지요.

이번에 살펴볼 발명 공식은 '다 사용한 것을 버리거나 재생하기'입니다.

여러분은 금속으로 만들어진 커다란 종이나 가마솥, 동상 등을 만들 때 어떤 방법을 사용하는지 알고 있나요? 처음부터 조금씩 금속을 붙여 만드는 게 아니라, 액체로 녹인 금속을 틀 안에 넣어 굳혀 만드는 방법을 사용합니다. 우선 모래로 틀을 만들고 쇳물을 채워 넣습니다. 그런 다음 쇳물이 굳으면, 모래 틀은 허물어서 버리지요. 다 사용한 부분은 버리는 것입니다.

버리지 않고 재생하는 예도 있습니다. 우리가 사용하는 교통 카드에는 후불식 카드도 있지만 선금을 충전해서 쓰는 교통 카드도 있습니다.

교통 카드는 다 사용한 후에도 재생해서 사용할 수 있다.

레일바이크

이 충전식 교통 카드야말로 다 사용한 뒤 충전해서 재사용하는 좋은 예입니다.

폐타이어나 폐쇄된 기찻길도 다시 사용됩니다. 폐타이어는 아파트 화단이나 학교 운동장에 충돌 방지 기능으로 쓰이기도 합니다. 또, 이젠 더 이상 기차가 다니지 않아 폐쇄된 기찻길은 레일바이크 시설로 다시 태어나 지방 자치 단체의 관광 수입원이 되기도 하지요.

나에게 필요 없는 옷이나 물건 등을 가져다 팔고, 다른 사람이 내다 놓은 물건을 사는 '아름다운 가게'나 벼룩시장 등도 다 사용한 것을 재생하는 아름다운 방법의 하나입니다.

중고 물품을 사고파는 벼룩시장

자원이 한정된 지구를 자손에게 잘 물려주려면 아나바다 정신이 필요해.

아껴 쓰고, 나눠 쓰고, 바꿔 쓰고, 다시 쓰고!

옳거니!

생각 천재가 되는 발명 공식 20

18 일회용으로 만들기

- 비싸고 오래 쓰는 물건을 싸고 짧게 쓰는 물건으로 바꾼다.
- 제품의 품질과 제품의 수명을 맞바꾼다.

주니어 트리즈 발명 공식의 원리 열여덟 번째는 바로 '일회용으로 만들기'입니다. 오래 쓸 수 있지만 비싼 제품을, 짧게 사용하지만 값이 싸게 만드는 방법이지요.

우리가 보통 사용하는 이쑤시개는 나무나 플라스틱으로 만들어져 있습니다. 물론 쇠로 만들어진 품질 좋은 이쑤시개를 만들면 오랫동안 사용할 수 있을 것입니다. 하지만 아무리 오랫동안 사용할 수 있다고 해도, 매번 사용할 때마다 이쑤시개를 닦아서 다시 사용하는 것은 매우 불편한 일이지요. 그래서 나무로 만든 일회용 이쑤시개가 탄생했습니다.

사람들은 씻어서 오랫동안 사용하는 좋은 품질의 이쑤시개보다, 한 번 쓰고 버리는 품질 나쁜 이쑤시개의 가치를 더 크게 생각합니다. 이쑤시개의 비용과 씻는 데 들이는 시간보다는 생활의 편리함에 더 초점을 맞춘 것입니다. 즉 '일회용으로 만들기'의 원리는 제품의 수명과 제품의 품질을 맞바꾸는 발명입니다.

이쑤시개와 일회용 주사기 등 제품의 품질이나 가격과 제품의 수명을 바꾼 일회용품이 많이 있다.

비슷한 예로 나무젓가락도 같은 원리의 일회용품인데, 이쑤시개처럼 매번 일회용 나무젓가락을 사용하지는 않지만 설거지가 어렵거나 바쁠 경우에는 좋은 대체품이 됩니다.

일회용 기저귀는 세탁을 하지 않아도 되는 편리함과 제품의 수명을 바꾼 것이고, 일회용 주사기는 주사기를 매번 새로 소독하지 않아도 되는 편리함과 위생상의 문제점을 제품의 수명과 바꾼 것입니다.

물티슈나 종이 타월도 매번 걸레나 행주를 빨고 삶아 써야 하는 불편을 없앤 일회용품입니다. 이렇게 싸고 한 번만 사용하도록 만드는 대신, 제품을 재사용하기 위해 들어가는 다른 노력을 줄일 수 있다면 일회용품은 훌륭한 발명품이 될 수 있습니다.

또 제품의 휴대성을 높이기 위해 일회용품을 쓰기도 합니다. 딱 한두 번 쓸 수 있을 만큼만 소포장한 일회용 비누, 일회용 샴푸, 일회용 화장품 등은 여행을 다닐 때 무거운 비누와 샴푸, 화장품을 들고 다니는 불

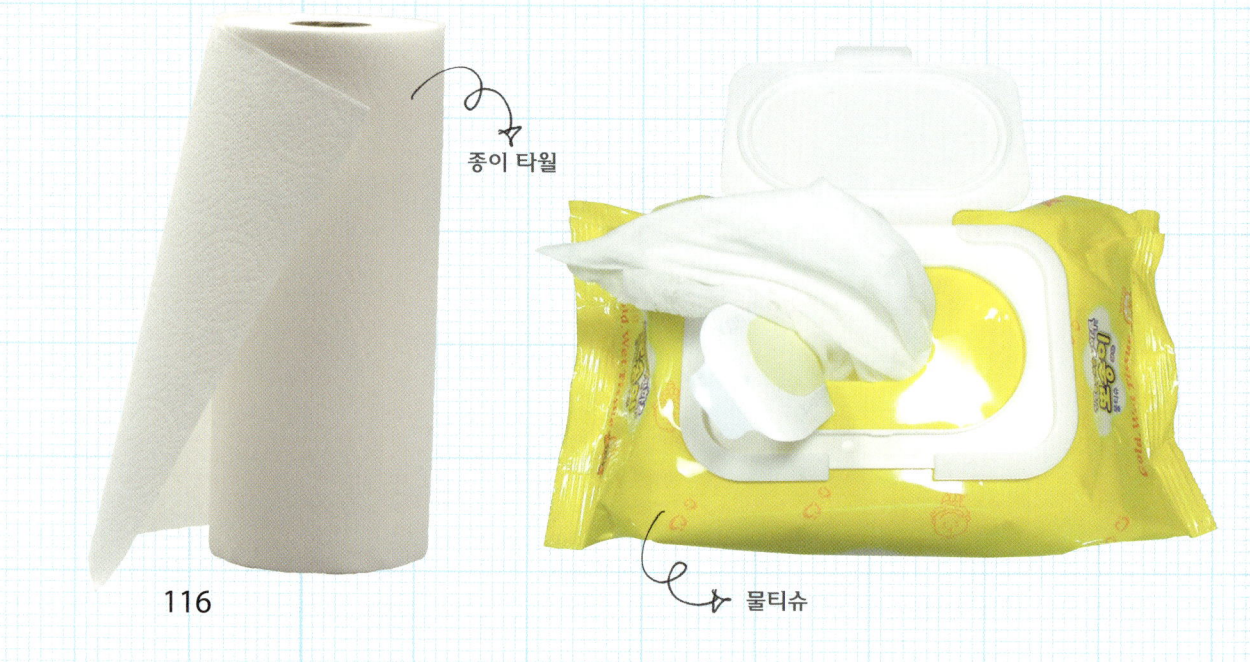

종이 타월

물티슈

편함과 제품의 수명을 바꾼 것이지요.

품질을 포기하고 일회용으로 만들어도 값이 싸다면 좋은 상품이 될 수 있습니다. 일회용 카메라는 디지털 카메라나 필름 카메라처럼 좋은 사진을 찍을 수는 없지만, 카메라를 잊고 여행을 왔을 때 저렴한 가격으로 여행의 추억을 남길 수 있다는 점에서 상품화가 되었습니다.

언제 어디서나 쉽게 접할 수 있고, 한 번 쓰고 버리면 되는 편리성 때문에, 해가 갈수록 더 많은 일회용품들이 생활 속으로 자연스럽게 스며들고 있습니다. 그러나 편리함 때문에 일회용품 사용이 늘어난다면 자연과 다음 세대에게 피해를 준다는 사실을 잊어서는 안 됩니다. 될 수 있으면 재활용할 수 있는 방법을 찾는 것이 중요하다는 것을 잊지 말아야 할 것입니다.

19 좋은 것은 계속되게

- 유용한 작용은 쉬지 않고 계속되게 한다.
- 불필요한 동작을 제거한다.

19. 좋은 것은 계속되게

여러분은 카누와 카약의 차이를 알고 있나요? 카누와 카약은 물 위를 빠른 속도로 나아가며 경주한다는 점에서는 같지만, 타는 방식과 배의 모양에서 약간의 차이를 가지고 있습니다.

카누가 한쪽에만 날이 있는 노를 사용한다면, 카약은 양날의 노를 이용하여 양쪽으로 노를 젓습니다. 한쪽 노를 들어 올리는 동안 반대편 노는 물속으로 잠겨 배를 앞으로 전진하게 합니다. 양쪽 노가 교대로 물 위와 물 아래로 이동하면서 연속적으로 노를 젓는 것이지요. 외날의 노에 비해서, 양날의 노는 배를 앞으로 움직이게 하는 유용한 동작을 더 연속적으로 할 수 있게 합니다.

이번에 살펴볼 주니어 트리즈 발명 공식은 '좋은 것은 계속되게'입니다. 카약에서 양날의 노로 쉬지 않고 젓는 것도 이에 속한다고 볼 수 있어요.

좋은 것을 계속하는 사례는 우리 주위에도 많이 있습니다. 예전의 가

카약은 양날의 노를 이용하여 유용한 작용을 지속한다.

밤에도 문을 닫지 않는 24시간 편의점

게들은 밤이 되면 문을 닫았지만, 24시간 편의점은 사람들이 야간에도 편리하게 이용할 수 있도록 영업 시간을 늘렸습니다.

또 주문이 폭주하는 공장에서는 공장의 가동률을 높이기 위해 24시간 동안 사람을 3교대나 4교대로 나누어 쉬지 않고 공장의 기계를 돌리기도 합니다. 모두 좋은 것을 쉬지 않고 지속하게 하는 사례입니다.

고객들은 아무 때나 은행에 돈을 넣거나 빼고 싶지만, 은행은 영업 시간이 정해져 있습니다. 휴일이나 야간에는 은행을 이용할 수가 없지요. 하지만 폰뱅킹이나 인터넷 뱅킹, 은행의 현금 자동 입출금 기기(ATM)를 이용하면 24시간 아무 때나 은행 업무를 볼 수 있어 편리하지요.

놀이공원에 놀러 가면 '자유 이용권'이라는 티켓이 있습니다. 놀이 기구를 탈 때마다 티켓을 사려면 여러 번 줄을 서야 하기 때문에 불편합니다. 자유 이용권은 정해진 가격 안에서 몇 개의 놀이 기구를 계속 이용할 수 있는 티켓이므로, 여러 번 표를 사는 번거로움을 피할 수 있어요.

은행의 현금 자동 입출금 기기로 야간에도 은행 업무를 볼 수 있다.

콘크리트를 굳지 않도록 계속 섞어 주는 레미콘

건설 현장에는 콘크리트(회반죽)가 많이 필요합니다. 그런데 이 콘크리트가 쉽게 굳어 버리면 안 되겠지요? 콘크리트를 굳지 않게 하려면 계속 섞어 주어야 합니다. 이렇게 아직 굳지 않은 콘크리트를 계속 뒤섞으며 현장으로 배달하는 차가 바로 레미콘(반죽 콘크리트 차)입니다. 유용한 동작은 쉬지 않게 계속되게 하는 것, 바로 '좋은 것은 계속되게' 원리랍니다.

발명 이야기

자동차 왕 포드의 멋진 아이디어

자동차 왕으로 손꼽히는 포드는 대량 생산 시스템을 개발한 사람으로도 유명해요. 1903년 미국 디트로이트에 자동차 공장을 차린 그는 저렴하게 자동차를 공급할 방법이 없을까 고민했어요. 하지만 당시 자동차는 숙련된 장인이 모든 과정에 걸쳐 만들었

기에 자동차 한 대를 만드는 데 많은 시간이 들었고 그러다 보니 가격도 비쌀 수밖에 없었습니다. 그때 포드는 우연히 정육점 주인이 소를 손수레로 이동시키면서 부위별로 고기를 발라내는 걸 봤습니다.

"그래, 사람이 움직이는 게 아니라, 제품이 움직이는 거야!"

포드는 컨베이어 벨트로 연결한 조립 라인을 만들었어요. 사람들은 일렬로 서서 컨베이어 벨트를 타고 자기 앞으로 오는 기계의 일부분만 단순 반복적으로 조립하게 되었습니다. 작업이 쉽다 보니 초보자도 할 수 있었고 단순한 일을 반복적으로 하다 보니 시간이 단축되어 작업 생산성이 껑충 뛰었습니다. 그 덕에 자동차도 싼값에 제공할 수 있게 되면서 포드는 미국의 자동차 시장을 석권한 자동차 왕이 되었어요.

생각 천재가 되는 발명 공식 20

20 나쁜 것은 좋은 것으로

– 나쁜 것을 좋은 것으로 바꾼다.

마지막으로 살펴볼 주니어 트리즈 발명 공식의 원리는 '나쁜 것은 좋은 것으로'입니다.

여러분은 피자를 좋아하나요? 다양한 토핑이 얹어진, 치즈가 듬뿍 들어간 피자는 여러분이 특히 좋아하는 음식일 겁니다. 그런데 토핑이 얹어진 부분은 맛있게 먹지만, 테두리 부분은 딱딱하고 맛이 없다고 먹지 않은 적이 있지 않나요?

이처럼 사람들이 피자의 테두리 부분을 좋아하지 않는다는 것을 안 피자 회사에서는 차츰 피자 테두리 부분에 맛있는 치즈를 첨가하거나, 다양한 맛을 주어 사람들이 좋아하는 부분으로 만들고 있습니다. 나쁜 것(맛없는 부분)을 좋은 것(맛있는 부분)으로 바꾼 것입니다.

음식물 쓰레기를 가축의 사료로 사용한다거나, 가축의 배설물을 농업용 비료로 사용하는 등 나쁜 것을 좋은 것으로 바꾸는 사례들은 오래 전부터 우리 생활 가까이에 있던 발명의 원리입니다.

가축의 분뇨로 만든 거름

테두리에 치즈를 넣어 맛있게 만든 피자

20. 나쁜 것은 좋은 것으로

쓰레기 매립장에서는 유해한 메탄가스가 발생합니다. 그런데 이 메탄가스를 수집해 전기를 생산하는 발전소들이 늘고 있습니다. 이 발전소는 쓰레기로 인한 환경의 오염과 지구 온난화를 줄이면서, 사람에게 유용한 전기를 생산해 줍니다.

자동차 히터가 버려지는 엔진의 열을 이용한다는 것을 알고 있나요? 자동차는 엔진이 과열되면, 엔진의 부품이 견디지 못하고 고장을 일으키거나 제 기능을 못하게 됩니다. 이 때문에, 자동차는 엔진이 돌아갈 때 발생하는 열을 냉각수를 이용하여 식힙니다. 대신 데워진 냉각수는 열 교환기(라디에이터)로 흘러 들어가 차 안으로 따뜻한 바람이 나오도록 하지요. 즉 자동차 엔진에 고장을 일으킬 수도 있는 과다한 열을, 자

▶ 쓰레기에서 발생하는 가스를 이용해 전기를 만드는 발전소

동차 내부 난방이라는 좋은 것으로 바꾸는 것입니다.

　이처럼 나쁘고 유해한 것을 좋은 용도로 바꾸는 변화는 두 배의 효과를 가져오는 훌륭한 발명 공식이랍니다.

유해한 배기가스의 새로운 사용법!

　자동차의 배기가스는 환경을 해치는 유해한 물질이에요. 하지만 다른 용도로 활용해 보는 건 어떨까요?

　자동차의 타이어를 교체하기 위해서는 자동차를 조금 들어 올려야 하는데, 이때 아래 사진처럼 자동차 배기가스로 들어 올리는 발명품은 어떨까요?

　유해한 배기가스를 유용하게 사용하는 사례가 될 수 있을 겁니다.

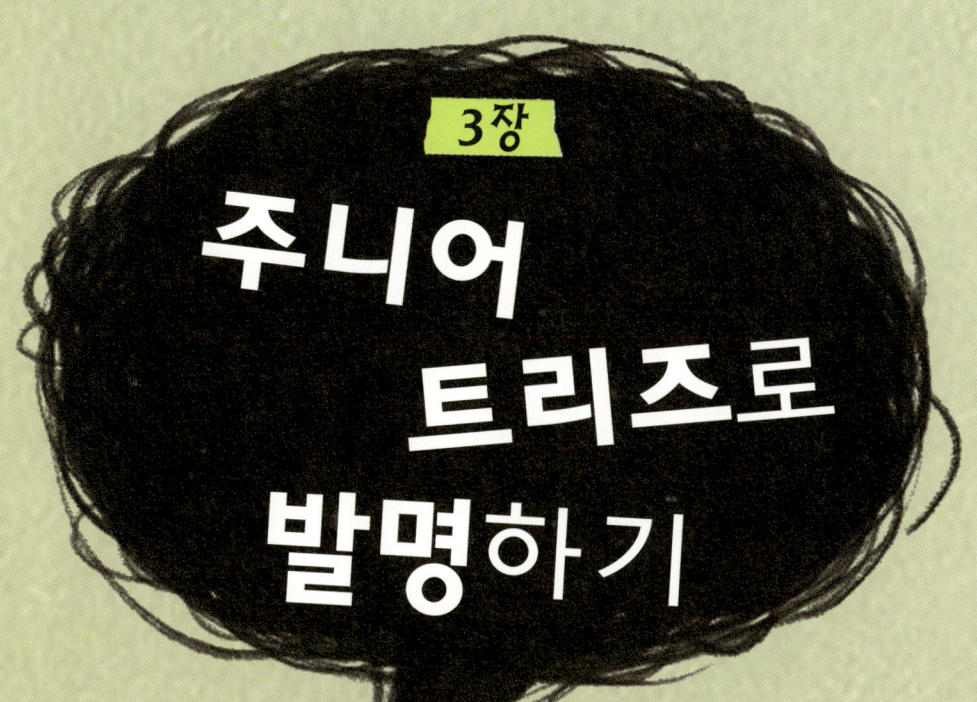

3장
주니어 트리즈로 발명하기

우리 주변의 트리즈를 찾아라

광고 속의 트리즈

트리즈는 창의적인 생각을 만들어 내는 생각의 비법, 창의력의 보물 창고입니다. 따라서 꼭 발명이 아니더라도, 창의력이 필요한 모든 곳에서 트리즈의 공식들은 빛을 발합니다.

그럼 우리 생활 가까운 곳에 어떤 트리즈의 공식이 숨어 있는지 찾아보기로 해요. 먼저 창의적이고 기발한 광고들 속에 숨어 있는 주니어 트리즈의 생각 비법을 찾아볼까요?

오른쪽 위 사진 속에 있는 것은 기다란 버스의 중간 부분이 구부러지는 굴절 버스입니다. 굴절 버스는 길기 때문에 사람을 많이 태울 수 있으면서도, 굴절되는 중간 부분 때문에 굽은 길도 잘 돌 수 있습니다.

굴절 버스는 일반 버스에서 움직이지 않던 부분을 자유롭게 움직이게 했습니다. 구부러지는 칫솔 역시 딱딱한 칫솔 손잡이의 일부를 움직이게 만든 발명품이랍니다.

이 칫솔 광고는 움직이지 않던 칫솔의 중간 부분을 움직이게 함으로써 치아 안쪽까지 잘 닦을 수 있다는 점을 굴절 버스를 통해 광고하고 있습니다. 굴절 버스가 구부러질 때마다 칫솔이 함께 구부러짐으로써 칫솔의 특징을 효과적으로 표현한 광고이지요.

두 번째 사진 속에 보이는 것은 일회용 화장지 상자입니다. 일회용 화장지를 하나씩 꺼내 쓸 때마다 아마존의 초록 삼림이 까맣게 타들어 가

'자유롭게 움직이게 하기'가 적용된 칫솔 광고

'색깔 바꾸기'가 적용된 화장지 광고

네요. 화장지를 아껴 써야겠다는 생각을 저절로 불러일으키는, '색깔 바꾸기' 원리가 적용된 공익 광고입니다.

아래 왼쪽 사진은 하루 24시간 영업을 하는 맥도날드 실외 광고입니다. 새벽 2시 4분을 표시하고 있는 시계와 "지금 이 시간에도 우리는 열려 있습니다."라는 광고 문구가 맥도날드의 24시간 영업을 잘 표현해 주고 있습니다.

그 아래 사진은 코털 제거기 회사의 광고입니다. 주변의 전깃줄이 콧구멍을 통과하게 하여, 코털처럼 보이도록 표현했습니다. 두 광고 모두 시계나 전기줄과 광고를 결합한, '합치기' 공식이 적용된 광고이지요.

일반적인 광고는 천장에 부착되지 않습니다. 그러나 아래 오른쪽에 있는 대머리 치료제 광고는 천장에 거울을 설치하고, 거울 위에 광고 문구를 넣었네요. 스스로는 보기 힘든 자기 머리 윗부분을 볼 수 있게 하여, 머리가 없는 사람들이 대머리 치료제를 구입하려는 마음이 들도록

'합치기'가 적용된 광고

'방향 바꾸기'를 이용한 대머리 치료제 광고

유도하고 있습니다. 광고를 부착하는 방향을 벽에서 천장으로 바꿈으로써 상품의 특징에 맞도록 효과적인 광고를 한 것입니다.

아래 왼쪽 사진은 전봇대에 부착된 발레 학원의 광고입니다. 발레복처럼 넓게 퍼진 아래쪽 종이에는 칸마다 발레 학원의 전화번호가 적혀 있어, 필요한 사람은 떼어 갈 수 있게 해 놓았지요. 평면의 광고를 공간의 광고로 바꾼 '방향 바꾸기' 원리가 적용된 광고입니다.

아래 오른쪽 사진은 광고의 일부분을 투명하게 만들어, 날씨에 따라 머리카락 부분의 색이 다르게 보이게 만든 광고입니다. '부분적으로 다르게 하기'를 이용한 광고라는 것을 여러분도 벌써 눈치챘겠지요?

일반적인 포스터 광고보다 이런 창의적이고 색다른 광고들이 사람들의 기억에 더 오래 남는 것은 당연한 일일 것입니다.

지금까지 살펴본 것처럼, 주니어 트리즈는 발명만을 위한 것이 아닙니다. 광고 속에 응용된 것과 마찬가지로 주니어 트리즈는 창의적인 생

평면의 광고를 공간의 광고로 바꾼 발레 학원 광고

'부분적으로 다르게 하기'를 이용한 염색약 광고

평면의 광고를 입체로 바꾼 치약 광고

각을 할 수 있게 도와주는 생각 방법입니다.

'광고판이 설치될 주변의 사물들과 결합해 더 효과적으로 광고할 수 없을까?'

'부분적으로 투명하게 하거나 색을 바꾸어 주면 어떨까?'

'방향을 바꾸거나 더 입체적으로 표현할 수 없을까?'

'광고 안에 광고를 포개어 넣을 수는 없을까? 광고 안에 거울이나 스크린을 넣어, 소비자의 모습이 복사된 광고를 만들면 어떨까?'

'광고를 쪼개거나, 광고가 바람이나 햇빛과 같은 것을 따라 자유롭게 움직이게 하거나, 공중 부양하게 할 수는 없을까?'

이렇게 주니어 트리즈 발명 공식의 원리를 도구로 삼아 다양한 생각을 해 보세요. 생각을 거듭할수록 생각의 크기가 쑥쑥 자랄 거예요.

광고뿐 아니라 창의적인 생각이 필요한 어느 곳에서든, 주니어 트리즈는 생각의 감옥을 탈출하게 해 주는 가장 좋은 방법이 될 것입니다.

버스 속의 트리즈

여러 광고를 통해 각각 어떤 트리즈 공식이 적용되었는지 살펴봤다면, 이번에는 우리가 자주 타고 다니는 버스 속에 어떤 주니어 트리즈의 공식이 집중되어 있는지 알아봅시다.

앞에서, 저상 버스에는 주니어 트리즈 '높이 맞추기'의 원리가 적용되어 있다고 소개한 바 있습니다. 휠체어를 탄 사람이 쉽게 버스에 오를 수 있도록 버스 바닥의 높이를 휠체어에 맞춘 것이지요.

휠체어를 타고 쉽게 오르내릴 수 있는 저상 버스

버스는 대중교통이기 때문에 많은 승객을 태워야 합니다. 승객을 많이 태우려면 버스를 크게 만들어야 하지요. 하지만 자동차가 다니는 차선보다 크게 만들 수는 없습니다. 운행에 방해가 되지 않으면서도 버스를 크게 만드는 방법에는 무엇이 있을까요?

우선, 긴 버스입니다. 그러나 버스가 길면 구부러진 코너를 돌 때 굉장히 큰 공간을 필요로 합니다. 버스는 '길어야 하지만, 길지 않아야 하는' 모순을 가지고 있는 것이죠.

여기서 탄생한 것이 굴절 버스입니다. 굴절 버스는 일반 버스에 비해 훨씬 길이가 길지만, 버스의 중간 허리가 잘 구부러지도록 설계되어 있습니다. 마치 지하철의 칸과 칸을 연결하는 통로와 비슷한 형태이지요. 움직이지 않는 부분을 움직일 수 있게 만드는, 주니어 트리즈의 '자유롭게 움직이게 하기' 공식이 적용된 것입니다.

두 번째는 높은 버스, 즉 이층 버스입니다. 사람을 많이 태우려면 버스의 폭이 넓어야 한다고 생각하기 쉽습니다. 하지만 차의 폭을 무한정 넓힐 수는 없겠지요? 가로가 아닌 세로로 크기를 키움으로써 공간을 넓히는 것, 바로 주니어 트리즈 '방향 바꾸기'의 공식이 적용된 것입니다.

대중교통인 버스는 '크지만, 크지 않아야 한다'는 모순을 가지고 있습니다. 하지만 굴절 버스와 이층 버스는 코너를 잘 돌 수 있는 버스이면서도, 많은 승객이 탑승할 수 있도록 만들어짐으로써 버스의 모순을 해결했습니다.

또, 서울시의 버스는 그림에서 보는 것과 같이 네 가지 색상으로 구분

굴절 버스와 이층 버스는 많은 승객을 태울 수 있다.

깜짝 퀴즈

버스 안에는 주니어 트리즈 '미리 준비하기'의 원리가 적용된 것들이 여러 가지 있습니다. 버스 안을 떠올리며, 버스 안의 어떤 것들이 '미리 준비하기'의 공식일지 생각해 보세요.

됩니다. 빨간 버스는 고속도로를 타고 서울 외곽의 다른 도시들을 다니는 광역 버스이며, 노란 버스는 서울 도심을 순환하는 버스입니다. 파란 버스는 서울 시내 주요 도로를 운행하는 버스이고, 초록 버스는 마을버스처럼 파란 버스가 다니지 않는 곳곳을 연결합니다.

지하철의 노선을 구분하는 색상처럼, 버스도 색상을 통해 버스가 어떤 방식으로 운행되는지 알 수 있도록 도와줍니다. 이것은 주니어 트리즈 '색깔 바꾸기'의 공식이 적용되었다고 볼 수 있습니다.

이제 버스 안으로 들어가 볼까요?

버스의 색상만으로도 버스가 운행되는 방식을 알 수 있다.

버스 전용 차선을 통해 버스는 빠르게 달리는 유용한 작용을 지속할 수 있다.

버스를 탈 때는 앞문으로 타고 뒷문으로 내립니다. 문의 역할을 두 가지로 각각 나눔으로써 타는 사람과 내리는 사람이 부딪치는 혼란을 없애 줍니다. 이것은 주니어 트리즈 '나누기'의 공식이 적용된 것으로 볼 수 있습니다.

버스 전용 차선은 항상 정체되는 서울 도심에서 버스가 더 빠른 속도로 다닐 수 있도록 버스만이 다닐 수 있게 만든 차선입니다. 더 많은 사람이 빨리 달리는 것, 좋은 것을 계속할 수 있게 도와주는 것이니, '좋은 것은 계속되게'가 적용되었습니다.

또 버스를 탈 때 많은 사람들이 교통 카드를 이용합니다. 교통 카드는 잔돈을 미리 준비하거나 돈을 거슬러 주는 불편을 해소하기 위해 돈을 대신하는 중간 매개물로 작용합니다. 또 충전식 교통 카드는 다 사용한 후에는 다시 충전하여 재생해 사용할 수 있습니다. 바로 주니어 트리즈의 '중간 매개물', '버리거나 재생하기'의 공식이 적용된 것이지요.

퀴즈 정답

버스에서 '미리 준비하기'가 적용된 것은 무엇일까요?

1) 내릴 사람들은 내리기 전에 벨을 눌러 버스 운전사가 미리 준비할 수 있도록 해 줍니다.

2) 예전에 취객들로 인해 버스 운전사가 사고를 당하는 일이 종종 있었습니다. 이에 대비하기 위해 요즘엔 버스 운전사를 보호하는 보호 유리가 미리 준비되어 있습니다.

3) 노약자석은 임산부나 노약자를 위해 미리 준비된 좌석이지요. 노약자석은 '미리 준비하기'도 적용되어 있지만, 전체 중에 '일부를 다르게 하기'도 함께 적용된 경우이지 않을까요?

이 외에도 다른 것들이 더 있습니다. 여러분은 어떤 것을 생각했나요?

버스엔 참 많은 것들이 준비되어 있네.

(위에서부터) 버스에는 하차 벨, 운전사 보호 유리, 노약자석이 미리 준비되어 있다.

문제 해결을 위한 질문과 대답

앞에서 우리는 주니어 트리즈 발명 공식의 20가지 원리가 우리 생활 속에서 아이디어가 필요하거나 문제 해결을 요하는 곳에서 어떻게 유용하게 쓰였는지 살펴보았습니다.

광고 속의 트리즈, 버스 속의 트리즈를 보고 여러분은 어떤 생각을 했나요? 발명 공식으로 공부했던 트리즈가 광고나 버스처럼 우리와 가까운 곳에서도 활용될 수 있다는 것을 알아차렸겠지요?

그렇다면 이번에는 우리 주변의 사물이나 상황에 눈을 돌려 봅시다. 어떤 문제가 있다면, 주니어 트리즈 발명 공식을 활용해서 어떻게 그 문제를 해결할 수 있을까 고민해 보는 겁니다.

발명은 문제를 해결하는 새로운 방법입니다. 어떤 문제가 있을 때,

그 문제를 해결하기 위해서는 먼저 다음과 같은 세 가지 질문을 던져 보면 좋습니다.

문제 찾기 ① **문제가 뭐니?**

문제를 알아야 새로운 해결책을 찾을 수 있습니다.
문제를 찾는 것은 문제 해결의 가장 중요한 열쇠입니다. 문제가 있는데도 그것을 발견하지 못하면, 그 어떤 생각도 시작될 수 없지요.

모순 발견하기 ② **모순을 찾아보자**

문제가 발생하고 있다면 그 문제가 발생하는 이유, 문제가 해결되지 않고 있는 이유들을 생각해 봅니다. 그리고 그 문제가 어떤 모순을 가지고 있는지 생각해 봅니다.

이상적인 결과물 ③ **어떻게 하면 좋을까?**

문제가 해결되었다고 상상해 봅니다. 문제를 해결했을 때는 다른 새로운 문제점이 생기지 말아야 합니다. 또 그 결과물은 모든 사람들이 감탄할 만한 멋진 결과물이어야 합니다.
우리는 문제가 부분적으로 해결되거나 보완되는 것이 아니라, 완벽하게 해결된 상태를 상상해야 합니다. 그렇게 문제가 해결된 상황이 어떤 것인지 간단하게 한 문장으로 적어 봅니다.

세 가지 질문에 대해 대답할 수 있다면, 이제는 모두가 감탄할 만한 멋진 결과물을 만들어 내기 위해 20가지 발명 공식을 적용하는 일만 남았습니다.

자, 그럼 발명 연습을 통해 실제로 발명 공식을 적용해 볼까요?

1. 엄마를 위한 새로운 도마 발명하기

엄마가 저녁 식사를 위해 주방에서 김치찌개를 만들려고 하십니다.

김치를 자르기 위해 도마를 꺼내어, 맛있는 김치 한 포기를 올려놨어요. 그런데 엄마가 칼로 김치를 썰자, 도마 주변으로 김치 국물이 넘쳐 흐르는 거예요.

"에그머니!"

엄마는 김치를 자르다 말고, 싱크대로 넘쳐 버린 김치 국물을 닦으며 말씀하십니다.

"아휴, 국물이 있는 음식을 자를 때마다 국물이 도마 밖으로 넘쳐서 참 불편하구나."

엄마를 위해 국물이 넘치지 않는 새로운 도마를 발명하면 어떨까요?

그럼 이제부터 문제 해결을 위한 세 가지 질문을 던져 봅시다.

문제 찾기 ① 문제가 뭐니?

문제는 김치 국물이 넘쳐서 싱크대가 더러워지는 거야.

모순 발견하기 ② 모순을 찾아보자

왜 국물이 넘칠까? 도마가 평평하니까 그런 거야.
그럼 도마가 오목하다면 밖으로 흐르지 않겠지. 하지만 도마가 오목하다면 칼로 음식을 잘 자를 수 없을 텐데…….
결국 도마는 평평해야 하지만, 또 평평하지 않아야 하는구나.

이상적인 결과물 ③ 어떻게 하면 좋을까?

평평해서 칼질을 하는 데 불편하지 않으면서도, 국물이 밖으로 흐르지 않는 도마를 만들면 좋겠어.

 ## 주니어 트리즈 발명 공식의 원리를 적용해 볼까?

일부를 다르게 하기

도마 전체가 다 평평할 필요는 없잖아. 칼질이 주로 이루어지는 가운데 부분만 평평하게 하고, 도마 주변의 테두리에 오목한 작은 홈을 만들어 두면 어떨까?

↳ 홈이 있는 도마

일부를 다르게 하기 + 비대칭으로 만들기

좋은 생각이지만, 그 홈을 넘을 정도로 국물이 많다면 결국 마찬가지가 아닐까? 평평하면서도 한쪽으로만 국물이 흐르게 할 수는 없을까?

맞아! 도마를 살짝 기울이면 싱크대의 물이 빠지는 곳으로 홈을 따라 국물이 흐를 거야.

↳ 홈이 있으면서 한쪽으로 기울어진 도마

일부를 다르게 하기 + 비대칭으로 만들기 + 포개기

도마 아래에 접시를 포개어 둘 수 있도록 만드는 거야.

홈을 따라 국물이 접시로 흐르면 접시를 빼서 김치찌개에 국물을 넣을 수 있어. 즉 흘러나온 국물을 버리지 않아도 되는 거지. 또, 꼭 국물이 아니더라도, 접시가 있으면 도마에서 자른 음식을 냄비에 옮겨 담기 편할 것 같아.

↳ 홈이 있고, 한쪽으로 기울어져 있으면서 접시를 포갤 수 있는 도마

일부를 다르게 하기 + 비대칭으로 만들기
+ 자유롭게 움직이게 하기 + 미리 준비하기

주방에서 쓰는 접시를 포개어 넣을 수 있도록 하는 것도 좋지만, 딱 맞는 접시가 없는 집도 많을 것 같아.

아예 별도로 자유롭게 떼었다 붙였다 할 수 있는 국물받이 그릇이 미리 준비되어 있는 도마를 만들어 보면 어떨까? 아주 편리할 것 같은데…….

홈이 있고, 한쪽으로 기울어져 있으면서, 떼어낼 수 있는 국물받이 그릇이 미리 준비된 도마

자, 이제 문제가 해결되었나요?

처음에 우리는 국물이 흐르지 않는 도마만을 생각했지만, 여러 가지 방법을 생각하다 보니 국물을 버리지 않고 쉽게 김치찌개에 넣을 수 있는 도마가 발명되었네요.

우리는 어떻게 국물이 흐르지 않는 도마를 생각해 낼 수 있었을까요? 바로 '평평하지만, 평평하지 않은 도마가 필요하다'는 문제의 핵심을 알아냈기 때문이에요. 칼질을 하는 부분은 평평하고, 그 외의 부분은 반드시 평평하지 않아도 된다는 것을 찾아낸 것이죠. 모순을 찾아내는 것은 문제를 해결하는 가장 중요한 열쇠랍니다.

 **2. 잃어버리지 않는 리모컨 발명하기**

영국의 한 신문사에서 조사한 바에 따르면, 사람들이 평생 잃어버린 리모컨을 찾는 데 걸리는 시간을 모두 합치면 15일이 넘는다고 합니다.

리모컨을 잃어버리는 것은 세계적으로 공통적인 문제인 것 같아요. 우리 주니어 트리즈 전문가들이 이 문제를 해결할 수 있을까요? 이번에도 먼저 세 가지 단계로 문제점을 정리해 보도록 합시다.

> **문제 찾기** ① **문제가 뭐니?**
>
> 문제는 리모컨을 자꾸 잃어버린다는 거야. 잃어버려도 금방 찾을 수 있는 리모컨이 있으면 좋겠어.
>
> **모순 발견하기** ② **모순을 찾아보자**
>
> 리모컨을 잃어버렸을 때, 어떻게 하면 빨리 찾을 수 있을까?
> 리모컨에서 소리가 나면 빨리 찾을 수 있지 않을까? 우리가 집 안에서 휴대폰을 잃어버렸을 때, 휴대폰에 전화를 걸어서 위치를 확인하는 것처럼 말이야.
> 하지만 리모컨에서 계속 소리가 나면 시끄러울 것 같아.
> 소리가 나지만, 소리가 나지 않는 리모컨. 나는 이것을 리모컨의 모순으로 정할래.
>
> **이상적인 결과물** ③ **어떻게 하면 좋을까?**
>
> 리모컨을 잃어버렸을 때만 소리가 나면 좋겠어. 그래야 평소에는 시끄럽지 않고, 필요할 때만 소리가 나서 리모컨을 빨리 찾을 수 있으니까.

주니어 트리즈 발명 공식의 원리를 적용해 볼까?

합치기

먼저 발명 공식의 합치기 원리를 적용해 볼까?

집에 있는 무선 전화기와 리모컨을 합치는 거야. 집 전화는 리모컨처럼 숫자 버튼도 있고, 소리 크기 조절도 할 수 있으니까. 그리고 무선 전화기는 잃어버려도 전화를 걸면 소리가 나서 금방 찾을 수 있지.

무선 전화기에 텔레비전 조종 버튼이 있어서, 이걸 누르면 무선 전화기가 리모컨으로 바뀌는 거야.

리모컨이 합쳐진 무선 집 전화기

속성 바꾸기

리모컨이 꼭 있어야 할 필요가 있을까? 스마트 폰 앱에 리모컨 기능을 넣어 텔레비전과 연결하면 어떨까?

혹시 스마트 폰을 잃어버리면 어떻게 하냐고? 그야, 스마트 폰은 소리가 나니까 잃어버리면 전화 한 통으로 금방 찾을 수 있지.

리모컨 앱이 깔린 스마트 폰

복사

리모컨을 두 개로 만드는 거야. 텔레비전 한 대당 리모컨을 두 개로! 만약 리모컨 하나를 잃어버렸을 때는, 리모컨에 있는 리모컨 분실 버튼을 누르면 나머지 하나의 리모컨에서 "나 여기에 있어요."라는 소리가 나는 거지.

두 벌의 리모컨

미리 준비하기

항상 이리저리 움직여 돌아다니는 리모컨에 리모컨 분실 버튼을 두지 말고 그 버튼을 일정한 장소에 고정되어 있는 텔레비전에 두는 거야. 리모컨을 잃어버리면, 텔레비전에 붙어 있는 리모컨 분실 버튼을 눌러서 리모컨에서 소리가 나도록 만드는 거지.

리모컨 분실 버튼이 있는 텔레비전

자, 이제 문제가 해결되었나요?

이런 해결 방법은 우리가 '소리가 나지만, 소리가 나지 않는 리모컨'으로 모순을 정했기 때문에 찾아낸 방법이에요.

만약 '움직이지만, 움직이지 않는 리모컨'으로 정하면 어떤 해결책이 있을 수 있을까요?

평상시에는 움직이지 않지만, 텔레비전에 있는 분실 버튼을 누르면 바퀴가 달린 리모컨이 텔레비전을 향해 달려가게 만들 수도 있지 않을까요? 마치 로봇 청소기처럼 말이죠.

또는 공기의 힘으로 공중에 떠 있는 리모컨을 생각할 수도 있을 거예요. 리모컨이 공중에 떠 있다면, 좀 더 쉽게 찾을 수 있겠지요. 주니어 트리즈 '공중 부양'의 공식을 이용해서 말이에요.

이게 말이 되느냐고 웃지 마세요. 엉뚱한 상상은 창의력이 커지는 가장 빠른 길이므로, 되든 안 되든 일단 다양하게 상상해 보는 것이 중요합니다.

여러분은 모순을 어떻게 정의하느냐에 따라 해결 방법이 달라지므로, 모순을 정의하는 것이 아주 중요하다는 사실만 기억하면 된답니다.

생활 속에서 주니어 트리즈로 발명하기

　지금까지 우리는 문제 해결을 위한 세 가지 질문과 대답의 예를 살펴보았습니다. 어떤 문제가 발생했을 때 그 문제가 무엇인지 정확히 파악하고, 그 문제를 불러일으킨 이유와 모순이 무엇인지 정한 다음, 해결 방법을 찾는 것이 바로 세 가지 질문과 대답의 과정이었죠.

　여기서 문제의 핵심은 바로 '모순이 무엇인가'를 정의하는 것이라고 했어요. 모순을 무엇으로 정했는가에 따라, 우리가 어떤 발명품을 만들 것인가가 결정되니까요.

　그럼 이번에는 우리의 생활 속에서 일어날 법한 문제 상황을 해결해 보도록 합시다. 지금까지 배운 20가지 발명 공식을 다시 한 번 꼼꼼하게 되돌아보고, 문제 해결 방법을 생각해 보도록 하세요.

 ## 다시 보는 주니어 트리즈 발명 공식 20

1) 합치기 한번에 여러 일을 동시에 하거나, 하나의 물건이 두 가지 이상의 일을 할 수 있도록 한다.

2) 포개기 한 물체를 다른 물체 안으로 포개어 넣거나, 한 물체가 다른 물체 안으로 통과하게 한다.

3) 나누기 하나의 물체를 작게 쪼개거나, 하나의 물체를 각각 독립되도록 나눈다.

4) 빼내기 필요한 부분만 남기고, 불필요한 부분은 빼 버린다.

5) 복사하기 비싸거나 다루기 어려운 원본 대신, 싸고 단순한 복사본을 사용한다.

6) 비대칭으로 만들기 대칭의 정도를 줄이거나 비대칭으로 만든다.

7) 곡선으로 만들기 직선을 곡선으로, 직선 운동을 회전 운동으로 바꾼다.

8) 일부를 다르게 하기 전체 중에 일부분은 다르게 만든다.

9) 색깔 바꾸기 물체의 색깔이나 투명도를 바꾸거나, 관찰을 쉽게 하기 위해 염색한다.

10) 속성 바꾸기 기체, 액체, 고체의 상태 변화를 이용하거나 크기, 밀도, 유연성, 온도 등을 변화시킨다. 오프라인을 온라인으로 바꾼다.

11) 방향 바꾸기 위아래, 앞뒤, 가로세로의 방향을 바꾸거나 기울여 본다.

12) 자유롭게 움직이게 하기 움직이지 않는 부분을 움직이게 하거나, 더 자유롭게 움직이게 한다.

13) 공중 부양 중력에 반해 물체를 공중으로 띄우거나, 물체의 무게를 줄이기 위해 기체, 액체, 자석 등의 힘을 이용한다.

14) 높이 맞추기 물체를 들어 올리거나 내릴 필요 없이 작업 조건이나 물체의 높이를 맞춘다.

15) 미리 준비하기 물체에 필요한 변화를 미리 가해 두거나, 비상수단을 준비해 만일의 사태에 대비한다.

16) 중간 매개물 쉽게 제거할 수 있는 물건을 임시로 연결해 어떤 일을 돕는다.

17) 버리거나 재생하기 다 쓴 것은 버리거나, 다시 쓸 수 있도록 재생한다.

18) 일회용으로 만들기 비싸고 오래 쓰는 물건을 싸고 짧게 쓰는 물건으로 바꾼다.

19) 좋은 것은 계속되게 불필요한 동작을 제거하고, 유용한 동작은 쉬지 않고 계속되게 한다.

20) 나쁜 것은 좋은 것으로 나쁜 것은 좋게 바꾼다.

 1. 책가방을 가볍게 만드는 몇 가지 방법

"가방이 너무 무거워서 학교 다니기가 힘들어요."
"이 무거운 가방 때문에 키가 크지 않는 것 같아요."
"어깨가 아파요."

매일매일 여러 과목의 책과 공책 때문에 가방이 무거워 고생하는 학생들이 많이 있습니다. 한창 자라나는 어린이들이 무거운 가방을 메고 다니면 신체 발달에 좋지 못한 영향을 끼친다고 해요. 그러면 이 문제를 어떻게 해결할 수 있을까요?

한 학급에서 주니어 트리즈를 이용해 학급 회의가 열렸습니다. 학생들이 저마다 무거운 가방의 문제를 해결하기 위해 아이디어를 하나씩 발표했는데, 어떤 내용인지 함께 살펴보기로 해요.

1
영희 : 난 무거운 참고서를 단원별로 쪼갤 거야. 그날그날 배울 단원에 맞는 참고서만 들고 다니면, 책가방이 훨씬 가벼워질걸.
(발명 공식 3번 나누기)

2
철수 : 책은 소중히 다뤄야 하는 거야. 책을 쪼개다니 나는 반대야. 그것보다는 과목별로 노트를 다 가지고 다니니까 무거운 거야. 난 과목별 노트를 합쳐서 노트 한 권만 가지고 다닐 거야. (발명 공식 1번 합치기)

3
다현 : 노트를 한 권에다 합쳐서 쓰면, 선생님께 혼날걸? 그냥 너희 가방에서 쓸모없고 불필요한 것들을 가지고 다니지 않으면 돼. 만화책이랑 장난감이랑 게임기 같은 거 말이야. 그것만 빼도 가방이 조금은 가벼워질 거야.
(발명 공식 4번 빼내기)

4 유나 : 다 별로야. 학교 선생님께 건의해서, 학교에 사물함을 준비해 달라고 말씀드리는 게 어떨까? 학교에 책과 소지품을 두고 다니면, 힘들게 들고 다닐 필요가 없잖아.
(발명 공식 15번 미리 준비하기)

5 유일 : 그건 예전에도 건의 드린 적 있었어. 하지만 학교에 사물함을 설치할 공간이 마땅치가 않다고 하시더라. 그리고 집에서도 공부하려면 어차피 책들은 집에 가지고 가야 해. 이 문제는 앞으로 저절로 해결될 거야. 앞으로 정부에서 교과서를 디지털 형태로 만들어 줄 거래. 그러면 교과서를 들고 다니지 않고, 휴대용 컴퓨터 하나만 들고 다니면 그 안에 교과서가 다 들어 있을 거야.
(발명 공식 10번 속성 바꾸기)

6 은찬 : 에헴~. 내 아이디어는 공중 부양이야. 가방 양쪽 어깨끈에 헬륨 풍선을 다는 거야. 풍선이 가방을 들어 주면, 정말 하나도 안 무겁겠지?
(발명 공식 13번 공중 부양)

7 연우 : 가방을 꼭 어깨에 메고 다녀야 하는 건 아니잖아. 가방을 끌고 다닐 수 있도록 가방 바닥에 바퀴를 달고 손잡이를 길게 만들면 안 될까? 맞아. '물체를 들어 올릴 필요가 없도록 높이를 맞추어 두어라.' 이건 주니어 트리즈의 몇 번 공식이더라? (발명 공식 14번 높이 맞추기)

우리를 힘들게 하는 무거운 책가방이지만 발명 공식으로 생각해 보니 정말 많은 해결책이 나오지요? 여러분의 생각은 어떻게 다른지 한번 비교해 보세요.

2. 알뜰치약을 만드는 방법은?

알뜰한 우리 아빠. 나는 치약을 거의 다 썼다고 생각되면 무심코 버리고 다시 새 치약을 가져다 쓰곤 했어요. 하지만 아빠는 가위로 치약의 몸통을 갈라 남은 치약을 끝까지 쓰시곤 해요. 욕실에서 가위를 찾으러 가기가 귀찮은 나는 마지막 남은 치약을 짜서 쓰기가 영 불편하답니다. 마지막 남은 치약까지 알뜰하게 사용할 수 있는 발명품을 만들 수 없을까요?

주니어 트리즈의 발명 공식을 떠올리며, 여러분이 마지막까지 짜서 쓰기 힘든 치약의 문제점을 해결해 주세요.

지호 : 치약을 쉽게 짤 수 있도록 칫솔에 미리 홈을 준비해 두거나, 치약 아래쪽에 손으로 쉽게 잘라 낼 수 있게 자름선을 준비해 두는 거야. 그러면 마지막 남은 치약까지 싹싹 쓸 수 있겠지?

(발명 공식 15번 미리 준비하기)

미리 홈이 파여 있어 치약을 밀어 짜는 칫솔

상민 : 치약을 뒤에서부터 짜 내는 게 아니라, 앞에서 빨아들이도록 방향을 바꾸어 보면 어떨까? 버튼을 누르면, '진공'의 힘으로 치약을 빨아들이는 작은 기구를 마련해 두면 좋을 것 같아. 남은 치약을 쪽쪽 빨아들여 주면 힘들이지 않고 알뜰하게 사용할 수 있겠지?

(발명 공식 11번 방향 바꾸기)

치약을 빨아들여 짜는 기구

은재 : 좀 더 트리즈다운 색다른 생각을 해 보자! 치약의 속성을 고체로 바꾸는 거야. 치약을 알약처럼 한 알씩 꺼내어 이를 닦을 수 있다면 무척 편하겠지? 들고 다니기에도 좋을 테고.
(발명 공식 10번 속성 바꾸기)

알약 치약

 내가 발명하는 치약 짜개

여러분의 치약 짜개는 어떤 것이 있을까요?
생각나는 것들을 써 보아요.

3. 새로운 책장 디자인하기

이번에는 책장에 주니어 트리즈 발명 공식의 원리를 적용해 볼까요?
여러분의 집에 있는 책장을 살펴보세요. 그 속에는 어떤 불편함이 숨어 있나요?
"나는 아무런 불편이 없는데."
"내 책장에는 아무런 문제도 없어."
그렇다면 어떤 발명도 생각할 수 없답니다. 불편은 발명의 어머니이니까요. 여러분의 책장에서 아직 불편한 점을 찾아내지 못했다면, 불편함을 발견해서 새로운 책장을 만든 사람들의 예를 한번 따라가 보도록 합시다.

책장에 꽂아 둔 책이 자꾸 쓰러져서 불편해!

책장 발명가 : 책이 적을 때는 책꽂이에 꽂아 둔 책이 자꾸 쓰러져. 난 이게 너무 불편하더라. 어떻게 하면 이 문제를 해결할 수 있을까 고민했지.

우선, 책은 혼자 서 있을 수 없어. 책장이 꽉 차야만 책과 책이 서로 의지해 서 있을 수 있지. 그렇다면 책이 혼자 서 있을 수 있는 방법은 뭘까? 달리 생각해 보자면, 책을 미리 눕혀 놓으면 책장이 비어도 책이 쓰러지지 않을 거야.

그래서 책을 세우지 말고 비스듬히 눕히는 책장을 생각해 봤어. 이러면 책이 완전히 쓰러지지 않아서 보기에도 좋고 책을 빼고 넣기에도 편해질 거야.

(발명 공식 6번 비대칭으로 만들기)

비대칭 책장

책장 높은 곳에 있는 책을 꺼내는 게 힘들어!

책장 발명가 : 책장의 높은 곳에 있는 책을 꺼낼 때, 아무리 까치발을 딛어도 키가 닿지 않을 때가 있잖아? 그럴 때면 의자를 놓고 올라가거나 사다리를 써야 하는데 그게 너무 불편했어. 그렇다고 책장이 낮으면 많은 책을 보관할 수가 없지. 책을 많이 보관하기 위해서 책장은 높아야 하지만, 책을 쉽게 꺼내기 위해서는 책장이 낮아야 해.

이런 모순을 해결하기 위해, 나는 책장을 네모가 아닌 둥근 형태로 만들어 봤어. 이렇게 만들면, 책을 꺼낼 때마다 내 눈높이까지 오도록 책장을 굴리면 되지!

하지만 실제로 만들어 사용하면 조금 불편할지도 모르겠어. 책을 꺼낼 때마다 책장을 빙글빙글 굴려야 할 테니 말이야.

(발명 공식 14번 높이 맞추기)

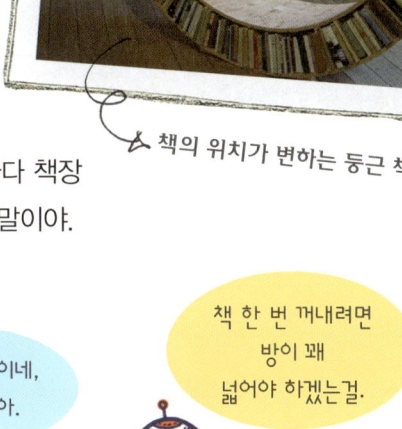

책의 위치가 변하는 둥근 책장

재미있는 책장이네, 놀이기구 같아.

책 한 번 꺼내려면 방이 꽤 넓어야 하겠는걸.

책장이 너무 공간을 많이 차지해!

책장 발명가 : 책이 많든 적든, 책장은 항상 일정한 공간을 차지하지. 처음 초등학교에 들어가면 책장이 크지 않아도 되지만, 학년이 올라가고 중학교에 들어가면 점점 책이 많아져서 책장이 점차 부족해져. 그렇다고 처음부터 큰 책장을 구입하기에는 텅 빈 책장이 차지하는 공간이 아까워.

그래서 책의 양이 적을 때는 적은 공간을 차지하고, 책의 양이 많을 때는 공간이 넓어지는 책장은 없을까 고민했어. 좁지만 넓은 책장 말이야.

그래서 만들어진 게 포개지는 책장이야. 스마트 폰 안테나, 낚싯대, 마트에 있는 쇼핑 카트처럼 포개기 원리를 책장에 적용해 봤어.

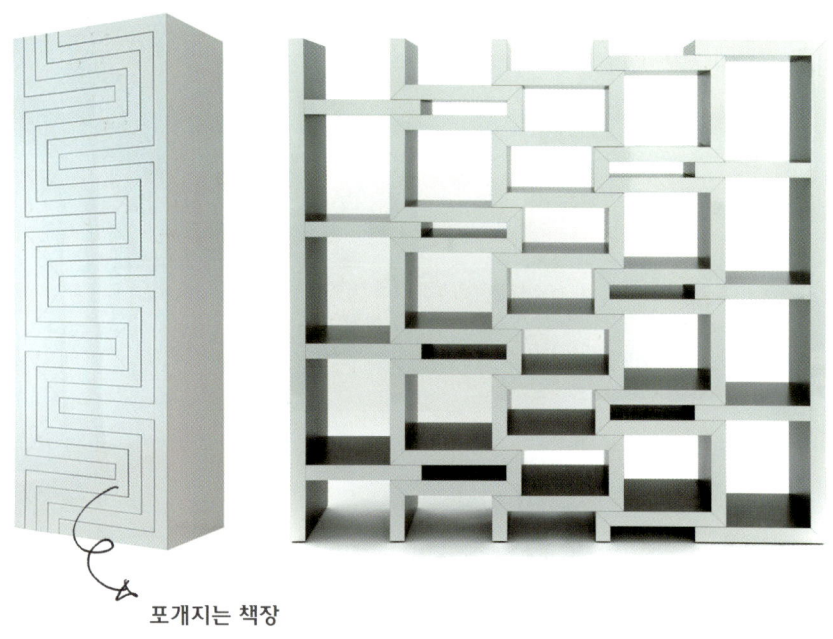

포개지는 책장

짠! 어때? 사진 속의 포개지는 책장은 책장을 포갰다 펼쳤다 할 수 있어서, 공간 활용도가 정말 뛰어나. (발명 공식 2번 포개기)

책꽂이의 모양이 정해져 있어서 불편해!

책장 발명가 : 앨범처럼 큰 것을 책꽂이에 넣으려고 할 때 안 들어가서 불편했던 적이 있었어. 책 크기나 모양이 다양한데, 책꽂이는 같은 크기와 모양으로 고정되어 있는 경우가 많기 때문에 그랬지. 그래서 책의 크기와 모양에 따라 자유롭게 책꽂이 형태를 바꿀 수 없을까 고민해 봤어.

고정되어 있지만, 고정되지 않는 책장. 이 모순에서 나온 것이 형태를 바꿀 수 있는 책꽂이야. 커튼을 쪼개어 버티컬을 만들듯이, 책장의 칸 하나하나를 쪼개어 자유자재로 형태를 바꾼 발명품이지. 책만 아니라 다양한 물건을 수납할 수 있는 전천후 책장이야.

(발명 공식 3번 나누기, 12번 자유롭게 움직이게 하기)

△ 형태를 바꾸는 책장

무거운 책가방, 알뜰 치약, 새로운 책장 등 세 가지 예를 들어 주니어 트리즈 발명 공식으로 어떤 발명품을 만들 수 있을지 궁리해 보았어요.

이 책에서 나온 것은 말 그대로 하나의 예일 뿐이랍니다. 여러분이 생각한 아이디어와 문제 해결 방법이 이 책에 나온 발명품보다 훨씬 좋을 수도 있어요. 책을 읽으며 떠오른 아이디어가 있다면 그것을 실제 발명품으로 만들도록 노력해 보세요. 우리가 지금까지 배운 주니어 트리즈 발명 공식의 원리를 떠올리며 노력한다면, 분명히 훌륭한 발명품을 탄생시킬 수 있을 거예요.

 **주니어 트리즈 발명 공식의 원리를 찾아라!**

위에 있는 재미있는 책장들은 주니어 트리즈의 어떤 공식을 적용한 것일까요?

책도 꽂을 수 있고, 앉을 수도 있는 책장. 바로 '합치기' 공식을 사용한 발명품입니다.

어디까지 읽었는지 쉽게 알 수 있는 책꽂이, '방향 바꾸기'이겠지요?

두 번째 책장은 방향이 바뀐 책꽂이 위에 덮개를 덮어 테이블로도 사용할 수 있어요. '합치기' 원리까지 더해진 정말 훌륭한 발명품이네요.

단순하게만 생각했던 책장이 다양하게 변화되는 모습을 보면서 주니어 트리즈 마법의 힘을 느껴 보세요.

 **발명 연습**

집에 있는 다른 가구를 떠올려 보세요. 책상, 의자, 침대, 옷장, 식탁 등 여러분이 집에서 사용하고 있는 가구에는 불편한 점이 없나요?

가구 하나를 선택하여, 불편한 점을 찾고 이것을 개선할 수 있는 발명품을 설계해 주세요. 그리고 설계한 발명품을 발명 노트에 그려 주세요. (166~167쪽의 발명 노트 작성법을 참고하세요.)

발명 제목	
날짜	문제를 발견한 날 : 문제를 해결한 날 :
발명자 이름	
문제가 되는 내용	
이상적인 해결책	
발명 내용	
발명 공식	

생각 천재를 만드는 주니어 트리즈

생각하는 사람만이 생각 천재가 된다

일흔 살 김예애 할머니는 어느 날, 며느리가 설거지 중에 손으로 수도꼭지를 잠갔다 열었다 하기가 불편해서 그냥 물을 흘려보내는 것을 보았습니다. 그것을 본 할머니는 '물도 낭비되지 않고, 더 편리하게 설거지를 할 수는 없을까?'라는 생각을 했습니다. 여러 궁리 끝에 좋은 생각을 해냈어요. 바로 다음과 같은 아이디어였지요.

"손이 아니라, 발로 물을 조절하면 되겠다."

할머니는 싱크대 위에 있는 바쁜 손이 아니라, 싱크대 밑에 있는 발로 물을 틀도록 물 조절의 방향을 바꾸었습니다. 여러분은 이 아이디어가 주니어 트리즈의 '방향 바꾸기' 공식이라는 것을 이미 눈치챘겠지요?

발로 움직이는 이 수도꼭지는 발로 페달을 살짝 누르면 물이 조금씩 흘러나오고 페달을 세게 누르면 물이 콸콸 쏟아집니다. 또한 발로 오른쪽 파란 선을 누르면 찬물, 왼쪽 빨간 선을 누르면 더운물, 파란 선과 빨간 선의 경계 지점을 누르면 미지근한 물이 나옵니다.

"우리는 물을 낭비하는 시스템에서 살고 있어. 손으로 물을 틀거나 잠그는 그 잠깐 사이에, 하던 일을 멈추고 물을 그냥 흘려보내야 하잖아? 나는 그게 아까운 거야."

할머니가 개발한 발로 밟는 수도 장치는 실제로 상품화되었고, 할머니는 이 제품을 판매하는 회사의 사장님이 되셨습니다.

할머니가 운영하는 회사 사무실에는 "반드시 더 나은 방법이 있다."

라는 사훈이 걸려 있습니다. 지금도 할머니는 밤늦게까지 발명에 관한 서적들을 읽고 있다고 합니다.

한편, 초등학교 1학년이었던 김지영 학생은 새로운 색연필 케이스를 발명했습니다.

"수업 시간에 친구들이 짧아진 색연필을 납작한 색연필 케이스에서 꺼내지 못해 힘들어하는 것을 봤어요. 짧은 색연필도 쉽게 꺼낼 수 있는 방법이 없을까 고민하다가 이번 발명품을 만들게 됐어요."

길이가 짧아진 색연필을 꺼내려면 색연필 케이스를 뒤집거나, 손가락을 집어넣어 꺼내느라 힘이 듭니다. 김지영 학생은 색연필 케이스의 뚜껑을 위와 아래에 모두 달았습니다. 주니어 트리즈 발명 공식의 '방향 바꾸기' 원리, '미리 준비하기'의 원리가 적용된 이 발명품은 전국 학생 발명품 경진 대회에서 대통령상을 받았답니다.

이렇게 불편한 방식으로 설거지를 하고, 불편한 색연필 케이스를 사용하는 사람이 전 세계에 헤아릴 수 없이 많을 텐데, 왜 이 불편함은 개선이 되지 않고 있었던 것일까요?

불편함에 자신의 몸을 적응시키는 수많은 사람들이 있는 반면, 불편함을 개선하기 위해 창의적으로 생각하는 사람이 있습니다.

여러분은 아무 생각 없이 불편함에 자신을 적응시키는 수많은 사람 중에 한 명이 되고 싶은가요? 아니면 창의적으로 문제를 해결하는 사람이 되고 싶은가요?

오로지 생각하는 사람만이 생각 천재가 될 수 있답니다.

생각 천재가 되는 주니어 트리즈

지금까지 생각의 감옥에서 탈출하는 발명 공식 20가지를 배웠습니다. 그리고 20가지의 발명 공식을 이용하여 발명된 수많은 사례들을 살펴보았습니다.

여러분은 20가지 발명 공식을 순서대로 외울 수 있나요? 20가지 발명 공식을 외우는 것은 그리 중요하지 않습니다. 발명 공식을 외웠다고 해서 여러분이 뛰어난 발명가나 생각 천재가 되는 건 아닙니다.

알트슐러가 트리즈를 고안해 내기 전에도 수많은 발명이 있었고, 창의적으로 생각하는 수많은 사람들이 있었습니다.

트리즈를 발명에 활용하는 트리즈 전문가들도 '내가 트리즈 몇 번 공식을 이용해서 이 발명을 해야지.'라고 생각하며 발명하지는 않습니다. 트리즈의 공식들은 기존 발명품들에서 가장 흔하게 발견되는 공통점을 추려 놓은 것에 불과합니다. 트리즈는 창의적인 생각을 하는 데 도움을 주는 하나의 도구일 뿐이며, 창조는 결국 '사람의 생각'에서 태어나는 결과물입니다.

엉뚱하고 새로운 생각들이 탄생하자마자 바로 사람들의 박수를 받는 경우는 드뭅니다. 세상을 바꾼 발명품들도 처음에는 사람들에게 외면을 당하거나, 비웃음을 받기도 했습니다. 사람들의 시선이나 다른 사람의 생각 때문에 내 생각의 크기를 줄이지 마세요. 엉뚱한 생각을 더 자유롭게 즐기시길 바랍니다.

"누구나 아는 이야기야."

"그런 생각 정도 못해 본 사람이 누가 있겠어. 안 되니까 없는 거야."

"뜬구름 잡는 생각이야."

"그게 되겠어?"

어른들의 이런 말들을 경계하기 바랍니다.

지금의 이 세계는 어느 누군가의 상상의 결과물입니다. 상상하지 못한 것은 그 어떤 것도 현실이 될 수 없습니다. 여러분은 많이 생각하고, 폭넓게 사색하고, 즐겁게 상상하시길 바랍니다. 오로지 생각하는 사람만이 생각 천재가 될 수 있다는 사실을 꼭 명심하세요!

발명 노트 활용하기

사람들은 들은 것의 70퍼센트를 다음날 잊어버리고, 일주일이 지나면 90퍼센트를 잊어버린다고 합니다.

메모하는 습관은 생각 천재들의 공통점입니다. 바로 아인슈타인처럼 말이지요.

발명 이야기

천재들의 공통점은 메모 습관?

세계적인 천재 물리학자 아인슈타인의 아이큐는 160이 넘는다고 알려져 있습니다.

그런 아인슈타인이 기자와 인터뷰를 하던 중에 일어난 일입니다. 기자가 아인슈타인의 전화번호를 물었습니다. 그러자 아인슈타인이 수첩을 꺼내 전화번호를 확인하는 것이었습니다.

아인슈타인

깜짝 놀란 기자가 물었습니다.
"설마 전화번호를 기억하지 못하시나요?"
그러자 아인슈타인은 되물었습니다.
"적어 두면 쉽게 찾을 수 있는데, 왜 머릿속에 넣어 두어야 합니까?"
메모를 해 두면 내가 혹시 이것을 잊지 않을까 걱정하지 않아도 됩니다.
여러분도 메모하는 습관을 가져 보면 어떨까요?

사람들이 머릿속에 담아 둘 수 있는 생각의 용량은 한정되어 있습니다. 똑똑한 사람들일수록 그 사실을 인정하고, 종이에 적는 습관을 가집니다.

생각 천재들에게 자신의 생각들을 적어 놓은 노트는 가장 소중한 재산입니다. 그들은 메모를 통해 기억을 담아 두고, 메모를 다시 보면서 영감을 얻습니다.

당장 해결책이 없는 문제라도, 일단 문제점을 적어 두면 나중에 언제라도 '반짝'하고 해결책이 떠오를 수 있고, 사소한 아이디어라도 나중에 활용할 곳이 생겨날 수 있습니다.

메모를 해 두면 내가 혹시 이것을 잊지 않을까 걱정하지 않아도 됩니다. 메모의 습관은 기억의 어려움을 종이에 맡기고, 머리는 창의적인 곳에 사용하도록 도와줍니다.

성공하는 사람들의 가장 공통된 습관 중에 하나는 바로 '메모하는 습관'입니다.

메모를 할 때 다음의 다섯 가지 원칙들을 지키면 더욱 효과적입니다.

1. 그림으로 표현하라.

사람의 머릿속을 표현할 때 그림이 글자보다 더 효과적인 경우가 많습니다. 특히 좋은 아이디어나 발명의 경우에는, 그림이 나의 생각을 더 잘 표현합니다.

2. 수첩이나 노트 등 메모의 도구는 항상 눈에 띄는 곳에 보관하라.

자꾸 눈에 띄어야 더 자주 사용하게 됩니다. 종이와 수첩을 항상 가지고 다니면, 언제 어디서든 생각나는 아이디어를 바로바로 메모할 수 있습니다.

3. 메모하는 시간을 따로 마련하라.

일주일에 한 시간이라도 따로 시간을 내어, 머릿속에 있는 생각들을 정리하는 습관을 가지면 좋습니다.

4. 다 사용한 메모는 반드시 한곳에 보관하라.

다 사용한 노트나 수첩은 버리지 말고, 한곳에 보관해야 합니다. 언제 그것이 다시 필요해지는 순간이 올지 모릅니다.

5. 메모를 재활용하라.

시간이 날 때 지난 메모들을 다시 읽어 봅니다. 수많은 발명이 그렇게 재검토하는 과정에서 탄생하고 있습니다.

 주니어 트리즈 발명 노트 사용법

여기 문제 해결을 위한 주니어 트리즈 발명 노트가 있어요. 다음의 설명을 따라 빈 공간을 채우다 보면 여러분도 곧 생각 천재가 될 수 있을 거예요.

1. 문제가 되는 내용

- 불편한 점을 발견하면 문제를 발견한 날짜와 문제가 되는 내용을 발명 노트에 적습니다. 해결책은 생각날 때 나중에 적어도 됩니다.
- 문제점을 구체적으로 적을수록 문제점 안에 숨어 있는 모순을 찾아내기 쉽습니다.

2. 이상적인 모습

- 이 문제가 해결되었을 때를 상상하며, 가장 멋진 모습의 최종 결과물을 그려 봅니다.
- 이상적인 모습은 타협책이 아니라, 가장 완벽한 이상책을 그려야 합니다.

3. 발명의 내용

- 그림으로 표현합니다.
- 이상적인 모습에 다가가기 위한 여러 가지 아이디어를 적어 봅니다.
- 주니어 트리즈의 발명 공식을 떠올려보면서 다양한 적용을 해 봅니다.

4. 발명 공식

- 주니어 트리즈의 어느 발명 공식이 사용되었는지 적어 봅니다.
- 꼭 주니어 트리즈 발명 공식이 아니어도 되고, 적지 않아도 됩니다.

5. 발명 제목, 발명 날짜, 발명자 이름

- 근사한 해결책이 나왔다고 생각되면, 발명의 제목을 적습니다.
- 해결책이 완성된 날짜와 내 이름을 마지막으로 적습니다.

⑤ 발명 제목		눈금이 달린 가위 (예제)
⑤ 날짜		문제를 발견한 날: 2012년 12월 29일 문제를 해결한 날: 2013년 4월 3일
⑤ 발명자 이름		홍길동
① 문제가 되는 내용		종이를 몇 센티미터로 자를 때에 자와 가위가 있어야 한다. 먼저 자로 눈금을 잰 후, 연필로 종이에 표시하고, 가위로 잘라야 하는 등, 두 가지 도구를 모두 사용하려면 시간이 많이 걸리고 불편하다.
② 이상적인 해결책		자가 없이도 길이를 잴 수 있다.
③ 발명 내용		가위의 날에 눈금을 표시한다. 별도로 자가 없어도, 가위 날에 표시된 눈금으로 원하는 길이만큼 종이를 자를 수 있다.
④ 발명 공식		발명 공식 1. 합치기

발명 제목	
날짜	문제를 발견한 날 : 문제를 해결한 날 :
발명자 이름	
문제가 되는 내용	
이상적인 해결책	
발명 내용	
발명 공식	

발명 제목	
날짜	문제를 발견한 날 : 문제를 해결한 날 :
발명자 이름	
문제가 되는 내용	
이상적인 해결책	
발명 내용	
발명 공식	

발명 제목	
날짜	문제를 발견한 날 : 문제를 해결한 날 :
발명자 이름	
문제가 되는 내용	
이상적인 해결책	
발명 내용	
발명 공식	

발명 제목	
날짜	문제를 발견한 날 : 문제를 해결한 날 :
발명자 이름	
문제가 되는 내용	
이상적인 해결책	
발명 내용	
발명 공식	

발명 제목	
날짜	문제를 발견한 날 : 문제를 해결한 날 :
발명자 이름	
문제가 되는 내용	
이상적인 해결책	
발명 내용	
발명 공식	

발명 제목	
날짜	문제를 발견한 날 : 문제를 해결한 날 :
발명자 이름	
문제가 되는 내용	
이상적인 해결책	
발명 내용	
발명 공식	

 '대머리가 되어도 좋다.' 학생을 위한 공짜 특허 출원 제도

특허 출원이란 어떤 발명을 한 사람이 국가를 상대로 자신의 특허권을 요구하는 것을 말합니다.

특허 출원 절차는 전문적인 지식이 요구되므로, 변리사 등 특허 관련 업무를 하는 전문가가 특허 출원을 대행합니다. 예를 들어 변리사를 통해 출원하는 경우, 수백만 원의 비용이 소요될 수 있습니다.

우리 학생들이 훌륭한 발명을 했다 해도 이러한 비용과 절차를 거쳐 특허 출원을 하기는 어렵기 때문에, 학생이나 사회적 약자를 위해 무료로 특허 출원을 도와주는 곳이 있습니다.

한국지식재산보호협회와 대한변리사회에서는 무료로 특허 출원과 등록을 도와줍니다.

변리사 비용뿐 아니라 특허청에 납부하는 수수료도 전액 면제됩니다.

여러분이 훌륭한 발명을 했나요? 그렇다면 본인이 발명한 내용, 구성, 효과, 도면을 준비한 후, 아래 홈페이지를 통해 공짜로 특허 출원을 할 수 있습니다.

특허가 통과되어 등록이 되면 특허에 대한 권한을 가지며, 직접 발명품을 상품화할 수도 있고, 기업에게 특허권을 팔 수도 있습니다.

또한 자신이 특허권을 가지고 있는 상품이 판매될 때마다 소정의 사용료를 받을 수도 있으니, 좋은 아이디어를 가진 친구들은 이곳을 방문해 보세요.

- 한국지식재산보호협회(www.pcc.or.kr)에서 사이버 상담실을 통해 도움을 받을 수 있습니다.

- 대한변리사회(www.kpaa.or.kr)의 공익 활동 메뉴를 통해 도움을 받을 수 있습니다.

한국지식재산보호협회
(www.pcc.or.kr)

대한변리사회
(www.kpaa.or.kr)

발명씨와 함께하는 주니어 트리즈 발명 카페

이 책을 읽다가 궁금한 점이 있다면,

주니어 트리즈 발명 카페(http://cafe.daum.net/jrtriz)에 글을 올려 주세요.

친절한 운영자 **발명씨**가 여러분의 궁금증을 함께 고민해 줄 거예요.

그리고 여러분이 만든 발명품이나 발명 노트, 발명 설계도를 카페에 올려 주세요.

훌륭한 발명품은 특허 출원을 하도록 돕고, 푸짐한 선물도 드립니다.

주니어 트리즈 카페 (http://cafe.daum.net/jrtriz)

• 사진 출처

ⓒ 위키피디아
p13 에디슨, p17 제멜바이스, p35 닌텐도 위, p54 쇼핑 카트(de:benutzer:aeggy),
p60 유선 마우스(Darkone), 무선 마우스, p61 씨 없는 수박,
p65 엑스레이(Stillwaterising), 조화(Flor4U), p68 나비(Michael Apel),
p73 나사(Amond Reinhold), p81 염색체, p83 열기구(DarlArthurS), p84 전자책(Mia5793),
p87 에스컬레이터(Mia5793), p95 자기부상열차, p102 커터칼, p103 우표,
p108 깔때기(Donovan Govan), p112 레일바이크, p115 일회용 주사기, p117 일회용 카메라,
p119 카약(Thruxton), p120 현금 자동 입출금 기기(Magrealthkoo), p134 굴절 버스,
p135 광역 버스, 간선 버스, 지선 버스(JY Mina), p163 아인슈타인

ⓒ 연합뉴스
p123 거름, p124 인천 매립가스 발전소

이 책에 사용한 사진 자료의 출처를 밝히기 위해 노력했습니다.
누락되었거나 잘못된 점을 알려 주시면 바로잡겠습니다.